입시 위너들의 단기간 고효율 학습 노하우

의대생 공부법

입시 위너들의 단기간 고효율 학습 노하우

의대생 공부법

〈의대생TV〉 출연진 박동호, 김나현, 이기준 지음

RHK
알에이치코리아

의대생은
'성적이 오르는 공부'를 한다!

대한민국은 지금 '공부 공화국'이다. 초등학교 입학 이후 정규 교육 과정만 12년, 대입을 비롯해 여러 자격증 시험과 입사 시험까지 대한민국에서 태어난 이상 인생은 시험과 공부의 연속이다. 그중에서도 유독 많은 양의 공부를 소화하는 '의대생'들은 과연 어떤 방법으로 효율을 높이고, 좋은 결과를 이끌어낼까? 실제로 유튜브 채널 〈의대생TV〉에서 가장 화제가 되었던 영상은 '의대생 브이로그 : 19일 동안 시험 15개'로 180만 뷰를 기록했다. 특히 대입을 앞두고 효율적 공부법이 절실한 수험생과 학부모들의 관심이 뜨겁다.

의대에 진학하려면 고등학교 성적이 전교 최상위권을 유지해야 하고, 수능은 거의 모든 과목에서 1등급을 받아야 한다. 이러한 결과를 얻으려면, 정말 JTBC 드라마 〈SKY 캐슬〉처럼 일찍부터 사교육 시장에 투자해야 하는 걸까? 결국 학원 뺑뺑이와 고액 과외, 부모의 재력과 관심이 필수인 걸까? 하지만 좁은 입시 문을 통과한 의대생들의 답변은 '아니다'이다.

의대에 진학하기 위해서는 좋은 성적을 받아야 하고, 좋은 성적을 받으려면 점수가 오르는 공부를 해야 한다. 단순히 학원을 많이 다니거나 책을 많이 읽거나 문제를 많이 푼다고 해서 지식이 습득되는 것은 아니며, 지식을 많이 습득했더라도 성적으로 직결되는 것은 아니다. 같은 학교, 같은 학원을 다녀도 누구는 1등, 누구는 꼴등이 된다. 그 차이를 만드는 가장 결정적 요인은 다름 아닌 '공부법'이다.

실제로 의대생들은 공부법에 대한 질문을 많이 받는다. 하지만 한마디로 답하기는 참으로 어렵다. 각자에게 맞는 공부법이 있고 내가 성공을 거둔 공부법으로 남들도 성공한다는 보장이 없기 때문이다. 하지만 공부를 잘하는 사람들은 공통점이 있고, 자신만의 방식이 존재하는 것은 자명한 사실이다. 공부의 왕도는 없지만 효율적인 공부법은 분명 있다.

'어떻게 하면 나에게 가장 효율적인 공부법을 찾아내고, 이를 통해 성과를 거둘 수 있을까?'

이것이 《의대생 공부법》을 펴낸 목적이다. 오랜 수험 생활을 거쳐 어마어마한 공부가 일상인 의대생들이 축적된 경험을 바탕으로 생생한 노하우와 꿀팁을 전달하고자 한다. 이 책에서 다루는 내용은 다음과 같다.

첫째, 점수가 오르는 공부법을 알려준다. 결국 성적은 점수로 평가 받는다. 하지만 열심히 공부한다고 해서 반드시 점수가 잘 나오는 건 아니다. 학생들은 국, 영, 수에 골고루 시간을 투자해야 한다고 생각하지만, 사실은 자신이 못하는 과목을 정확히 알고 그 부분을 공략해야 성적이 오른다. 이때 모의고사와 기출문제를 활용하는 방법은 꽤나 큰 도움이 된다. 모의고사 그 자체가 입시를 결정하지는 않지만, 잘 활용하면 취약점을 빠르게 파악할 수 있기 때문이다. 출제 성향을 제대로 파악하면 모든 단원을 전부 공부할 필요는 없기에 시간을 단축하는 효과도 있다.

둘째, 공부 계획을 세우는 노하우를 소개한다. '좋은 계획 세우기'보다 더 중요한 것은 '실천 가능한 계획 세우기'다. 세상에 완벽한 계획이란 없다. 끊임없이 되새기고, 문제점을 찾아 수정하는 과정을 되풀이함으로써 더 나은 계획을 세울 줄 알아야 체계적인 공부법이 습관이 된다.

셋째, 끝없는 수험 생활에서 지치기 쉬운 몸과 마음을 관리하는 법을 알려준다. 우리는 사람이기에 심리적인 어려움을 아예 피해갈 수는 없다. 때로는 수많은 유혹에 시달리고, 이런 저런 고민거리가 머리를 어지럽히고, 깊은 슬럼프에 빠지기도 한다. 따라서 예방할 수 있다면 예방하는 것이 최선이고, 피할 수 없다면 빨리 빠져나갈 방법을 찾아야 한다.

공부는 누구에게나 힘든 과정이다. 처음부터 공부를 잘하는 사람은 없다. 의대생들도 마찬가지다. "원래 머리가 좋아서 공부를 잘하는 거 아닌가요?"라고 묻는 이도 있다. 아주 틀린 말은 아니지만, 매우 소수에게 해당되는 일이며 또한 머리가 좋다고 해서 반드시 훌륭한 성적이 보장되지는 않는다. 수많은 수험생이 의대 혹은 그에 맞먹는 최상위권 대학교와 인기 학과에 진학하기 위해 노력하고 그 경쟁은 엄청나게 치열하다. 결국 중요한 것은 누구에게나 똑같이 주어진 '시간' 안에 누가 더 '효율적'으로 공부하느냐이다.

우리들은 유튜브 채널 〈의대생TV〉를 운영하면서 의대생들의 공부법을 더 많은 사람들과 공유하기 위해 노력해 왔고, 이 책 역시 그러한 노력의 연장선상이다. 영상에 미처 담지 못했던 체계적인 공부법을 책을 쓰면서 정리할 수 있었다. 더불어 〈의대생TV〉의 출연자들을 인터뷰해 보다 많은 노하우를 생생하게 담고자 했다.

이 책 안에서 '나'라는 표현이 많이 보일 것이다. 이는 저자들 중 어떤 특정한 한 사람을 뜻하는 것이 아닌 이 책의 공동 저자, 더 나아가서 〈의대생TV〉에 참여한 사람들의 경험과 생각을 대표하는 상징적인 존재로 생각해 주기를 바란다.

《의대생 공부법》은 단지 의대를 목표로 하는 사람들, 혹은 대입 수험생들에게만 쓸모 있는 방법은 아닐 것이다. 저자들 역시, 의대에 입학했다고 끝이 아니라 평생 끊임없이 공부를 해야 하는 사람들이다. 이 책이 수험생을 포함하여 효율적으로 공부하고자 하는 모든 이들에게 도움이 되기를 바란다.

〈의대생TV〉 박동호, 김나현, 이기준

목차

2장 전 과목 고득점의 비밀, 스터디 플래너

3장 단기간 효율을 높이는 암기법·멘탈 관리

학습 자료실

의대생 합격자 인터뷰

1장

의대생 공부법은
특별하다

의대생은
어떻게 공부할까?

의대생에 대한 오해와 진실

흔히들 공부 잘하는 의대생들에겐 분명 특별한 점이 있을 거라 생각한다. '공부자극 브이로그', '인생자극 브이로그'의 수식어를 단 '의대 실제 공부량 간접 체험'과 같은 유튜브 영상에 많은 구독자들이 몰린다. 효율적 공부법에 대한 힌트를 찾기 위해 의대생들이 시험 기간에 어떻게 공부하는지, 실제 공부량은 얼마나 되는지 등에 관심을 갖는 것이다.

그런데 과연, 모든 의대생이 머리가 좋고, 내신 관리도 완벽했으며, 학과 공부 또한 문제가 없을까? 사실 꼭 그렇진 않다. 다음은 의대생에 대해 자주 하는 오해들을 정리해봤다.

첫째, 의대생은 모두 머리가 좋을까? 정답은 '아니다'.

공부를 잘하는 능력과 흔히 말하는 지능지수(IQ)에는 차이가 있다. 사람들은 의대생이라면 당연히 어린 시절부터 공부를 잘해 왔고, 지능지수의 평균 역시 다른 집단에 비해서 높을 것이라 생각한다. 하지만 의대생의 가장 두드러진 차이는 지능지수보다는 메타인지, 즉 자신이 알고 있는 것과 모르고 있는 것에 대해 자각하는 능력이 뛰어나다고 볼 수 있다. 또한 의대생이라고 모두가 공부를 좋아해서 한다고 생각하면 큰 오산이다. 물론, 공부가 진짜 좋아서 하는 친구들이 종종 있긴 하지만, 보통의 학생들과 마찬가지로 공부가 그리 좋지 않더라도 끊임없이 동기를 부여해가며 근성과 끈기로 공부하는 경우가 더 많다. 차이가 있다면 자신의 부족한 부분을 잘 인지하고 그 부족한 부분을 채우는 공부 방법론이 확고하다는 데 있을 것이다.

둘째, 의대생들은 대부분 전교 1등이었다? 정답은 '아니다'.

의대생 중에는 전교 1등을 해본 경험이 있는 경우가 꽤 많다. 하지만 고등학교 내신 점수가 꼭 수능점수와 비례하는 것은 아니고, 내신 성적이 우수하다고 해서 정시 결과가 반드시 보장되는 것도 아니다. 내신을 따기 어려운 특수고나 외고·과학고 등에서 진학한 친구들은 전교 1등을 해본 적 없는 경우도 많다.

셋째, 의대생들의 공부량은 인간의 한계를 넘을 정도인가? 정답은 '그 정도는 아니다'.

의대생의 공부량을 살펴보면 '저게 가능한가?'하고 질려버릴 수도 있을 것이다. 물론 의대생들은 상대적으로 많은 공부를 하지만 인간의 한계를 넘을 정도는 아니다. 그 와중에 연애, 과외, 취미활동과 게임, 친구들과 만남 같은 개인의 생활도 챙긴다. 의대생이라고 해서 다른 모든 생활을 포기하고 오로지 공부만 하지는 않는다. 다만 학습 능력이 우월한 집단 속에서 뒤처지지 않아야 한다는 부담감, 그리고 끊임없이 이어지는 크고 작은 시험이 체력적으로 힘들 수는 있다. 3주간 공부하고 시험 보고, 이틀 정도 쉬고 나면 다시 공부를 시작해야 하는 강행군이 정신적, 육체적으로 지치게 만드는 주요한 원인이 된다.

넷째, 의대생들은 모두 공부를 열심히 한다? 정답은 '아니다'.

모든 의대생들이 열심히 공부했다면 국시(의대생들은 의사국가고시를 '국시'라고 줄여 부른다) 합격률도 100%일 것이고, 유급하는 학우들도 존재하지 않을 것이다. 의대에 들어오기 위해 정말 열심히 공부한 것은 사실이겠지만 모든 학생들이 열심히 공부하지는 않는다. 공부에 관해서는 최상위권인 학생들을 모아놓았는데 왜 유급이나 국시 탈락과 같은 결과가 나올까? 그 이유는 '꿀벌이론'으로 설명할 수 있겠다. 꿀벌들은 꿀을 모으기 위해 일하는데 그 중 20%는 열심히, 60%는 대충 일하고, 20%는 거의 안 한다고 한다. 그런데 열심히 하는 20%만 모아두면 100%가 열심히 일할까? 여기서도 다시 20%, 60%, 20%로 나뉜다는 게 꿀벌이론이다. 의대생들도 열심히 공부한 20%를 모아놓은 곳이지만 여기서 다시 20:60:20으로 나뉘는 게 아닐까 싶다. 결론은 의대생이라고 모두 공부를 열심히 하지는 않는다.

의대 실제 공부량 간접 체험

의대생의 객관적인 공부량은 의대 수업량으로 답이 될 것 같다. 일단 매일 오전 8시부터 오후 4~5시까지 하루 총 수업 시간이 7~8시간가량 된다. 각 시간당 파워포인트 슬라이드로 만들어진 자료로 수업을 하게 되는데, 많을 때는 100장이 넘어간다. 평균적으로는 시간 당 60장 정도의 수업 자료를 소화하므로 하루 동안 약 400장, 일주일이면(주 5회 수업) 약 2,000장의 수업자료가 쌓이게 된다.

본과 학생들은 보통 '블록제'라고 해서 어떠한 과목을 2~3주 정도 집중적으로 배운 다음 그 과목의 시험을 치고 다른 블록을 공부하는 시스템을 가지고 있다. 예를 들어, 소화기학을 3주 배우고 시험을 보면, 그 다음에는 바로 심장순환기학을 배우는 식이다. 보통 하나의 블록이 2~3주 정도 되니까 약 4,000~6,000장의 수업자료를 공부해야 한다. 이게 끝이 아니다. 의사국가고시(KMLE) 기출문제를 따로 보거나 예년도의 기출문제 등을 보면 공부량은 엄청날 정도로 늘어난다.

　이렇게 어마어마한 공부량 속에 파묻혀서 때로는 밤까지 새워서 공부를 열심히 하도록 만드는 원동력은 무엇일까? 일단, 실습을 돌거나 여러 교수님의 얘기를 통해 의사는 '모르는 것이 죄'가 되는 직업임을 깨닫게 된다. 어느 직업이든 그렇겠지만, 특히 의사는 환자에게 피해를 주어서는 절대 안 되는 직업이기에 기초적인 공부량을 충족하기 위해 노력한다. 현실적으로는 장학금에 대한 얘기도 빼놓을 수 없다. '억' 소리 나는 의대 등록금을 내는 대신에 장학금을 받을 수 있다면 공부로 돈을 버는 것이나 마찬가지이기 때문이다.

　단지 유급을 피하기 위한 단기적인 목표로 의대 공부를 하면 오래 지속하기가 어렵다. 예과 2년, 본과 4년에 걸친 의대 공부는 단기적인 요령만으로는 해내기 어렵다. 장기적인 목표나 동기를 가지고 있어야 오래, 꾸준히 공부할 수 있다.

의대생의 공부 원칙 세 가지

　기본적으로 공부량이 많은 의대생들은 스스로 공부 원칙을 정하고 그 원칙을 지키고자 노력한다. 모든 의대생이 같은 원칙을 지킨다고 하기엔 무리가 있지만, 적어도 나는 다음과 같은 공부 원칙들을 지켰고, 꽤 효과적이라고 판단했다.

첫째, 같은 내용을 최대한 여러 서적에서 확인한다. 중요한 내용은 여러 문헌들 속에 공통적으로 등장하게 마련이다. 어느 책, 어느 강의록을 보아도 공통적으로 나오는 내용은 반드시 공부해야 할 부분이다.

둘째, 누적 복습으로 강력한 기억을 만든다. 한 번 보고 다 외우면 정말 좋겠지만 우리는 그 정도로 똑똑하지 않다. 1일차 공부를 한 다음날은 가볍게 1일차 공부 후, 2일차 공부를 한다. 그 다음날은 1일차와 2일차 공부 후, 3일차 공부를 한다. 이런 식으로 누적 복습을 하면 기억이 강화되고, 단기 기억은 장기 기억으로 발전한다. 시간 여유가 나지 않는다면 누적 복습은 주말로 미루는 것도 방법이다.

셋째, 시험 족보는 최대한 시험 직전에 보도록 한다. 족보의 목적은 크게 두 가지다. 무조건 맞춰야 하는 문제를 단순 암기하기 위해, 혹은 어떤 부분을 중시해야 하는가 참고하기 위한 목적이다. 후자는 여러 서적을 보고 어떤 내용이 중요한지 파악하고 강의 때 교수님이 강조한 부분을 체크해 두면 족보가 없이도 충분히 목적을 달성할 수 있다. 따라서 단순 암기를 위해 족보를 꼭 봐야 한다면 결국 시험 직전에 보는 게 유리하다.

그밖에 조금 덧붙이자면, 공부는 시간 대비 효율이 중요하므로 최대한 자투리 시간을 긁어모아 활용했다. 누워서 쉬는 동안 지금 공부하는 내용을 다룬 유튜브 강의를 본다든가, 쉬는 시간에도 공부를 조금씩 해두고 강의가 비는 공강 시간을 활용한다든가 점심 시간을 아껴 틈틈이 공부했다. 대중교통으로 이동할 때도 동영상 강의를 보거나 수업 녹음본을 듣는 등의 방법으로 공부 시간을 최대한 확보했다.

앞으로 최상위권 성적을 유지하는 의대생들의 공부법의 비밀을 하나하나 파헤쳐볼 것이다. 막연한 개념이 아닌 생생한 경험담과 구체적인 설명을 통해 독자들이 자신에게 꼭 맞는 공부법을 찾을 수 있도록 구성했다. 공부는 많이 하는 것이 능사가 아니다. 꼭 해야 할 공부를 제대로 해야 한다.

모든 공부의 3단계는
'계획 – 실행 – 수정'이다

단시간에 원하는 목표를 이루려면

'시작이 반이다'라는 말이 있듯이 모든 일은 처음 계획하고 시행하는 단계가 가장 어렵다. 공부 역시 마찬가지다. 계획이 잘못되면 처음엔 크게 드러나지 않지만 나중에는 되돌릴 수 없을 정도로 엇나가는 경우가 있다. 반대로 좋은 계획을 짜면 단시간 안에 원하는 목표를 이룰 수도 있다. 이처럼 좋은 계획을 짜는 것은 매우 중요하다.

그렇다면 좋은 계획이란 무엇인가? 좋은 계획에는 크게 세 가지 원칙이 있다. 첫 번째는 실현 가능한 계획이어야 한다. 아무리 멋지고 완벽한 계획을 세워도 내가 지키지 못한다면 아무런 의미가 없기 때문이다. 따라서 집중력이 유지 가능한 시간 이내로, 또는 체력적 한계를 고려하여 계획을 짜야 한다.

두 번째는 목표지향적인 계획이어야 한다. 즉, 나의 목적에 따라 계획이 달라져야 한다는 것이다. 특정 과목 또는 특정 단원을 잘 못한다면 그 과목이나 단원을 위주로 공부를 해야 한다. 이를 위해서는 스스로의 약점이나 강점을 잘 분석하여 그에 맞게 계획을 세워야 한다.

세 번째는 구체적인 계획이어야 한다. 주먹구구식으로 어떠어떠한 문제집을 풀겠다는 식이라면 좋은 계획이 아니다. '어떠한 부분이 약하므로 어떤 교재를 하루에 몇 시간 투자하여 어디까지 풀어내겠다'와 같은 구체적인 계획이 필요하다.

이제 좋은 계획의 요소를 바탕으로 실질적인 공부 계획을 짜보자. 앞서 강조한 것처럼 공부 계획의 가장 중요한 부분은 실행 가능 여부다. 공부는 '계획 – 실행 – 수정'의 3단계로 이루어져 있다. 계획을 했지만 실행하지 못하면 이후 수정 단계에도 영향을 미치게 된다. 이는 정상적인 공부 사이클을 돌릴 수 없다는 뜻이다.

실질적인 계획을 세우기 위한 방법으로 우선 공부 시간을 측정해보자. 일단, 일주일 정도 방해 요소를 걷어낸 상태에서 공부를 쭉 하면서 한 번 자리에 앉았을 때 집중할 수 있는 시간의 통계를 냈다. 대부분 사람들은 약 50분 정도가 집중력 유지의 한계라고 한다. 따라서 공부 계획을 짤 때는 대략 50~60분 단위로 쪼개어 계획을 세우면 좋다. 그리고 하루에 앉아 있는 총 시간의 통계를 내어 보았다. 멍하니 앉아 있는 시간을 포함하지 않고 내가 완전히 집중하는 시간을 계산했다. 즉, 하루 동안 내가 공부할 수 있는 최대 시간과 집중력을 유지할 수 있는 최대 시간을 기준으로 하면 실현 가능한 계획을 세울 수 있다. 만일 내가 하루에 총 10시간을 공부할 수 있다는 통계와 50분의 집중력을 유지할 수 있다는 통계가 있다면, 50분 단위의 계획과 10분의 쉬는 시간으로 총 공부시간이 10시간이 되도록 계획을 짜는 것이다.

그 다음으로 사람마다 잘하는 과목과 잘하는 단원이 다름을 인지하고, 이에 맞게 공부 계획을 세우자. 수학 과목을 예로 들어 보자. 나의 경우 그간 치렀던 모의고사를 꺼내 틀린 문제를 하나하나 오리기 시작했다. 교과서의 목차를 다 쓴 다음에 어디에 해당하는 문제인지 분류해보았다. 그랬더니 수학의 어떤 단원이 약한지 눈에 들어왔다. 이는 단원뿐만 아니라 과목에도 적용된다. 성적표에서 가장 성적이 안 나오는 부분이 가장 많이 할당해야 하는 과목이 돼야 한다. 만약 자신의 목표 대학이 과목 반영 비율에서 수학을 높게 쳐준다면 당연히 수학을 더 열심히 해야 한다. 마찬가지로 영어시험을 보는데 듣기보다 읽기 문제가 배점이 크다면 읽기 공부를 더 열심히 해야 한다.

마지막으로 세부 공부 계획을 철저히 세우자. 만일 어떤 학생이 국어와 영어를 수학에 비해 상대적으로 잘한다고 가정해보자. 이 학생은 국어와 영어보다는 수학을 더 많이 공부해야 할 것이고, 수학에서도 잘 못하는 단원에 좀 더 많은 시간을 투자해야 한다. 이 학생이 국어, 영어에 각각 3시간씩, 수학은 4시간 공부하겠다고 하면, 국어, 영어, 수학에서 어떤 단원이 약한지를 알아내 해당 단원에 맞춰 각각의 공부 시간을 다시 3분할로 할당해보자. 국어의 경우 문법과 쓰기, 비문학, 문학으로 나눠서, 영어는 듣기, 문법, 읽기 등으로 나눠서 구체적인 공부 시간을 할당하는 계획을 세워야 한다.

모의고사의 경우 듣기 영역, 문법 영역, 읽기 영역 등으로 점수가 세분화되어 있는 경우가 많은데, 모의고사의 점수 파트를 잘 살펴보고 자신이 취약한 파트를 분석하여 해당 단원에 더 많은 시간을 할당하는 것이 중요하다.

시간 배분의 중요성

공부를 계획하며 가장 많이 실수하는 부분은 무엇일까? 결국 실현 가능성 없는 계획을 세울 때 실패를 하게 될 가능성이 크다. 스스로 계획하고도 지키지 못하면 공부에 대한 흥미가 떨어지고 결국은 계획은 있으나 마나, 공부도 주먹구구식으로 하게 된다.

또한 자신이 잘하는 과목만 공부하는 경우에 결국 한계에 부딪치게 된다. 못하는 과목을 공부해야 점수가 오르지만 많은 학생들은 자기가 좋아하거나 잘하는 과목을 열심히 하는 경향이 있다. 물론 점수가 잘 나오고 잘하기 때문에 흥미가 있는 것은 당연하지만 공부의 목표는 결국 합격 또는 고득점이다. 여러 과목을 잘해야만 하는 입시의 특성을 생각하면 약점이 있는 단원이나 취약 과목을 위주로 공부해야 한다는 점을 잊지 말자.

구체적인 계획을 세우지 않을 때도 실패 확률이 커진다. 수학에 몇 시간, 국어에 몇 시간…, 이런 식으로 계획을 세우면 효율적이지 못한 계획이 된다.

다음 두 상황을 보자.

A 상황
지갑에 10만 원을 가지고 있었고, 영화표는 1만 원이다. 영화관에 도착해 1만 원을 잃어버린 것을 알게 되었다면, 영화를 볼 것인가?

B 상황
지갑에 10만 원이 있었는데 오전에 1만 원짜리 영화표를 샀다. 따라서 지갑에는 9만 원과 1만 원짜리 영화표가 있는 상황이다. 영화관에 도착해 영화표를 잃어버린 것을 알게 되었다면, 영화를 볼 것인가?

신기하게도 실험을 해 보면 B 상황에서 영화를 안 본다는 사람들이 더 많은 것으로 나타난다. A 상황에는 10만 원의 돈 중에서 1만 원을 잃어버렸다고 생각하므로 10% 손실이라고 생각하는 반면, B

상황에서는 1만 원의 영화표와 9만 원의 돈을 구분해서 생각하기 때문에 1만 원의 영화표 중 1만 원을 모두 잃어버려서 100%의 손실이라고 생각한다는 것이다.

결국 총합은 같아도 어떻게 나누는가에 따라 가치를 다르게 생각한다. 시간 역시 마찬가지다.

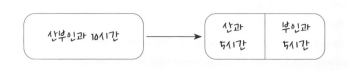

의대 시험 기간에 경험한 일이다. 산부인과 시험 준비를 하고 있었는데 시험 전까지 10시간이 남았다. 그래서 산부인과 공부를 10시간 안에 해야겠다고 가볍게 마음먹었다. 그런데 산부인과는 산과와 부인과로 나뉘는걸 간과했다. 산과 공부만 7시간을 하는 바람에 결국 부인과 공부는 3시간 정도밖에 하지 못하게 된 것이다. 산부인과 과목을 그냥 한 덩어리로 생각하면 10시간 동안 한 과목을 공부하면 되니 시간이 많은 것처럼 느껴지지만 산과와 부인과로 쪼개어 생각해 보면 한 과목을 5시간 안에 공부해야 하므로 실제로는 시간이 얼마 남지 않았던 것이다.

결국 공부 시간을 어떻게 배정하느냐에 따라 마음속에 여러 개의 시계가 돌아간다. 하나의 큰 시간으로 계획할 때보다 각 시간을 적절히 쪼개어 배정한다면 같은 시간이라도 더 알차게 공부할 수 있다는 얘기다. 구체적이지 못한 큰 덩어리의 시간은 낭비하는 비중 또한 많아지므로 세부적인 계획이 왜 중요한지도 다시금 확인할 수 있다.

계획한 진도를 완료했는지 매일 체크하라

구체적이고 완벽한 계획도 실행하지 못하면 의미가 없다. 그렇다면 계획의 실행은 어떻게 평가하는 것이 좋을까? 계획한 진도를 일정한 시간 안에 얼마나 완료했는가를 계산해보면 된다.

만일 2시간 동안 100페이지를 보기로 하였는데 실제로는 80페이지를 보았다면 완료율은 80%다. 완료율이 50%도 안 된다면 그 계획은 실패한 계획이므로 즉시 수정을 필요로 한다. 이렇게 완료율을 계속 측정하고 데이터가 누적되면 현실적인 계획을 세우는 데 큰 도움이 될 것이다.

스톱워치를 활용하는 방법도 있다. 각각의 공부 시간마다 체크하기는 어렵겠지만 자신이 처음에 계획한 총 공부시간 목표와 실제 공부한 시간을 스톱워치로 재서 하루하루 계획을 얼마나 잘 지키고 있는가를 평가할 수가 있다. 스톱워치 공부법은 스스로 목표를 세우고 계획한 시간을 달성하면서 뿌듯함을 느낄 수 있다는 장점이 있다. 그밖에 다른 창의적인 측정 방법들을 생각해 보는 것도 좋다. 개인적으로는 볼펜 한 자루를 사서 다 쓸 때까지 하루 공부량을 잡아본 경험이 있다.

계획의 실행이 실패하는 이유는 대부분 집중력의 저하가 큰 원인이 된다. 내 경우에는 집중력을 최대한 유지하기 위해서 배정된 공부시간에 항상 '인강'을 이용하였다. 상대적으로 내가 복습이나 문제풀이에 집중하는 것보다는 강의에 집중하는 것이 더 편하다고 생각했기 때문에 공부의 시작 첫 타임에는 항상 강의를 먼저 들었다. 만일 국어에 3시간이 배정되어 있다면, 1시간은 인강을 들으며 집중력을 끌어올리고, 1시간은 인강 내용을 복습하고, 나머지 1시간은 필요한 공부를 집중해서 하는 식으로 최대한 집중력을 유지하며 공부했다.

방법은 여러 가지지만 계획을 세우고, 실행률을 측정하고, 좋은 실행률을 유지하려고 노력한다면 계획에 이어서 실행 역시 멋지게 성공할 수 있을 것이다.

틀린 문제를 살펴야 약점이 보인다

마지막으로, 수정과 반성의 단계. 아무리 멋진 계획을 세우고 실행에 옮겼어도 이를 되돌아보고 문제점을 점검하지 않으면 성공하는 공부가 될 수가 없다. 공부를 한다는 것은 결국 내가 모르고 약한 부분을 채워나가는 과정이기 때문이다. 즉, 계획－실행－수정의 3단계에서 마지막에 수정과 반성을 거쳐서 새로운 계획과 실행으로 나아가는 과정이 필요하다. 즉, 3단계의 끝은 또 다른 3단계의 시작이다.

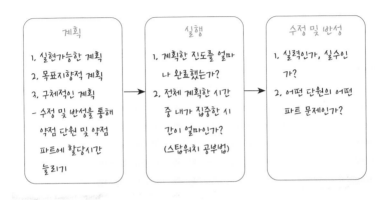

계획	실행	수정 및 반성
1. 실현가능한 계획 2. 목표지향적 계획 3. 구체적인 계획 - 수정 및 반성을 통해 약점 단원 및 약점 파트에 할당시간 늘리기	1. 계획한 진도를 얼마나 완료했는가? 2. 전체 계획한 시간 중 내가 집중한 시간이 얼마인가? (스탑워치 공부법)	1. 실력인가, 실수인가? 2. 어떤 단원의 어떤 파트 문제인가?

그렇다면 수정 및 반성 단계에서는 어떠한 방법으로 평가를 할 것인가? 제일 좋은 방법은 주기적으로 시험을 보는 것이다. 시험을 봐야, 약한 부분과 강한 부분이 드러나고 이를 계획에 반영할 수 있다. 정기적으로 모의고사를 치르거나 기타 여러 방식의 시험을 통해 약점을 파악하는 것이 중요하다.

개인적으로 가장 선호하는 방법은 이렇다. 모든 시험은 항목별로 시험문제가 나뉘어 있다. 영어라면 듣기, 읽기, 문법을 비롯한 분야로 나뉘며, 역사 시험도 연도별로 또는 사건별로 문제가 나뉜다. 과목을 이렇게 분야별로 나누어 틀린 문제를 스스로 분류해본다면 내가 약한 부분을 파악하는 것은 물론, 해당 과목의 짜임새를 큰 틀에서 볼 수 있는 안목이 생긴다.

대부분 학생들이 수정 및 반성 과정에서 많이 실패한다. 가장 큰 문제점은 시험을 본 뒤에 냉정하게 실수인지 실력인지 판단하려 들지 않기 때문이다. 또한 틀린 문제를 분석하여 내 약점이 어디인지를 파악하려 하지 않기 때문이다.

따라서 시험을 보고 나서는 꼭 두 가지를 파악하도록 노력하자. '실수로 틀렸는가 아니면 실력으로 틀렸는가?', '틀린 문제는 어느 단원 어느 파트에 해당하는 문제인가?' 이 두 가지를 기점으로 문제를 분류하다 보면 금세 자신의 장단점이 드러날 것이다.

이 두 가지 평가 기준을 바탕으로 장단점을 알았다면 다음은 새로운 계획을 세우는 단계다. 과목별로 시간을 조정하거나 과목 안에서 단원별로 시간을 조정하여 약점 과목 및 약점 단원에 더 많은 시간을 투자할 수 있도록 하자.

시험의 '목적'을 알면
공부가 쉬워진다

교과서, 어디까지 제대로 파봤니?

수험생이라면 한 번쯤 '하…. 조금만 공부해도 시험을 잘 보면 좋
겠는데…'와 같은 생각들을 해본 적이 있을 것이다. 책상 앞에 엉덩
이는 오래 붙이고 앉아 있는데 성적은 잘 안 나와서 끙끙 앓고 있다
면 다음 질문들을 찬찬히 생각해 보자.

1. 내가 보는 시험의 목적에 대해 해당 기관의 문서를 찾아본 적
   이 있는가?
2. 정말로 내가 무엇이 부족한가에 대해 고민하여 해당 부분에

대한 공부를 한 적이 있는가?

3. 막연히 시간을 채우기 위한 공부가 아니라, 시험 점수에 도움
   이 될 공부를 하였는가?

1번 질문은 수많은 지식 중 우리가 공부할 지식과 공부하지 않아
도 될 지식이 무엇인지를 알기 위해서다. 2번 질문은 계획 − 실행 −
수정 단계 가운데 마지막인 수정 단계에 해당한다. 마지막 3번 질문
의 의미를 이야기하기 전에 1번 질문을 좀 더 생각해 보자.

수많은 공부 프로그램 및 공부법을 보면 다들 '교과서로 공부했
어요!'라는 말을 한다. 교과서만으로는 부족해서 온갖 교재와 문제
집, 사교육이 넘쳐나는데 교과서를 기본으로 삼아 공부했다니 거짓
말처럼 들리기도 한다. 대체 교과서를 어떻게 활용하라는 것인가?

나는 학업과 병행하며 오랜 시간 수학 강의를 해오면서 많은 시
험 문제를 출제해왔다. 문제들은 마구잡이로 출제되지 않는다. 어떤
문제를 출제하기 위해서는 지침이 필요하다. 이러한 지침은 학생들
을 평가하기 위해 달성해야 할 목적이 무엇인지를 정의한다.

즉, 우리는 지침을 통해 우리가 무엇을 배워야하는지 항상 주목
해야 한다. 이 지침이 바로 교과서다. 교과서를 통해 공부하라는 것
은 우리가 무엇을, 어디까지 배워야 하는가에 대한 해답이 그 안에
있기 때문이다. 중요한 시험일수록 지침의 영향력은 더욱 크다. 국
가에서 주관하는 수능시험이 국가에서 정한 지침에서 벗어날 리가
없지 않은가?

위의 그림을 다시 한 번 머리에 넣으면서 실제 예시를 보도록
하자.

다음의 표(34쪽)는 '2020학년도 대학수학능력시험 출제 방향(수
학 영역, 한국교육과정평가원, 2019)'의 일부다. 찬찬히 읽어 보자. 수
능 시험은 이처럼 출제의 기본 방향과 범위, 각 문제는 무엇을 평가
하려는 의도로 출제했는지를 구체적으로 설명하고 있고, 그만큼 출
제자들이 많은 고민과 연구를 통해 한 문제 한 문제를 만든 것이다.

수정 단계에서 구분해야 하는 행동 영역을 아주 친절하게도 한국
교육과정평가원에서 구분해 주고 있다. 이처럼 내가 보는 시험을 주
관하는 해당 기관의 문서들을 살펴보아야 평가 목적을 알 수 있고, 이
에 따라 문항을 구분하여 평가 목적에 따라 공부를 할 수 있다. 기출
문제를 열심히 푸는 것도 좋지만 그 문제들이 어떤 지침에서 나왔고
어떤 의도로 출제한 것인지, 출제의 맥락을 안다면 더욱 전략적으로
공부할 수 있다. '지피지기면 백전백승'이라는 말처럼, 시험을 상대하
는 우리 역시도 '지피지기'가 필요하지 않을까? 수학뿐만 아니라 국
어 영역, 영어 영역, 기타 탐구 영역에도 위와 같은 문서가 존재한다.

	2교시 수학 영역
1. 출제의 기본 방향	수학 영역은 2009 개정 수학과 교육과정의 내용과 수준에 근거하여, 대학 교육에 필요한 수학적 사고력을 측정하는 문항을 출제하고자 하였다. 구체적인 출제 원칙은 다음과 같다. 평가 목표는 2009 개정 수학과 교육과정의 목표와 내용에 기초하여 설정하였다. ■ 교육과정의 내용을 충실히 반영하여 고등학교 수학교육에 긍정적인 영향을 미칠 수 있는 문항을 출제하고자 하였다. ■ 고등학교까지 학습을 통해 습득한 수학의 개념과 원리를 적용하여 문제를 이해하고 해결하는 능력을 측정할 수 있는 문항을 출제하는 데 중점을 두었다. ■ 복잡한 계산을 지양하고, 반복 훈련으로 얻을 수 있는 기술적 요소나 공식을 단순하게 적용하여 해결할 수 있는 문항보다 교육과정에서 다루는 기본 개념에 대한 충실한 이해와 종합적인 사고력을 필요로 하는 문항을 출제하고자 하였다
2. 출제 범위	수학 가형과 수학 나형은 교육과정 내용과 수준에 맞추어 출제하였다. 수학 가형은 '미적분 II', '확률과 통계', '기하와 벡터'의 내용 전체에서 출제하였다. 수학 나형은 '수학 II', '미적분 I', '확률과 통계'의 내용 전체에서 출제하였다.
3. 문항 유형	수학 영역은 고등학교 수학과 교육과정에 제시된 수학의 기본 개념, 원리, 법칙을 이해하고 적용하는 능력을 평가하는 문항, 수학에서 중요하게 다루어지는 기본 계산 원리 및 전형적인 문제 풀이 절차인 알고리즘을 이해하고 적용하는 능력을 평가하는 문항, 규칙과 패턴,

34

원리를 발견하고 논리적으로 추론하는 문항, 주어진 풀이 과정을 이해하고 빈 곳에 알맞은 식을 구할 수 있는 능력을 평가하는 문항을 출제하였다. 또한 두 가지 이상의 수학 개념, 원리, 법칙을 종합적으로 적용하여야 해결할 수 있는 문항과 실생활 맥락에서 수학의 개념, 원리, 법칙 등을 적용하여 해결하는 문항도 출제하였다. 수학 가형과 수학 나형의 출제 범위 및 수준 차를 고려하여 각 30문항 중에서 3문항을 공통으로 출제하였다. 구체적으로, 모집단과 표본의 뜻을 알고 표본평균과 모평균의 관계를 이해할 수 있는지를 묻는 문항(가형 14번, 나형 16번), 이항분포의 뜻을 알고 평균과 분산을 구할 수 있는지를 묻는 문항(가형 23번, 나형 24번), 같은 것이 있는 순열을 이해하고 그 순열의 수를 구할 수 있는지를 묻는 문항(가형 28번, 나형 19번)을 출제하였다.

이외에 수학 가형에서는 로그함수를 미분할 수 있는지를 묻는 문항(22번), 삼각함수의 덧셈정리를 활용하여 문제를 해결할 수 있는지를 묻는 문항(10번), 합성함수의 미분과 역함수의 미분을 활용하여 미분계수를 구할 수 있는지를 묻는 문항(26번), 함수의 그래프의 개형과 정적분의 의미를 이해하여 문제를 해결할 수 있는지를 묻는 문항(21번), 중복조합을 이해하여 조합의 수를 구할 수 있는지를 묻는 문항(16번), 독립시행의 확률을 이해하고 이를 활용하여 문제를 해결할 수 있는지를 묻는 문항(25번), 정규분포의 뜻을 알고 그 성질을 이해할 수 있는지를 묻는 문항(18번), 쌍곡선의 뜻을 알고 이를 활용하여 문제를 해결할 수 있는지를 묻는 문항(17번), 미분법을 이용하여 속력에 대한 문제를 해결할 수 있는지를 묻는 문항(9번), 좌표공간에서 벡터와 직선의 방정식을 활용하여 문제를 해결할 수 있는지를 묻는 문항(29번) 등을 출제하였다. 수학 나형에서는 두 집합

사이의 포함 관계를 이해할 수 있는지를 묻는 문항(2번), 역함수의 뜻을 알고 있는지를 묻는 문항(7번), 여러 가지 수열의 첫째항부터 제n항까지의 합을 구할 수 있는지를 묻는 문항(25번), 로그의 뜻을 알고 이를 활용하여 문제를 해결할 수 있는지를 묻는 문항(17번), 등비급수를 활용하여 문제를 해결할 수 있는지를 묻는 문항(18번), 함수의 극한을 이해할 수 있는지를 묻는 문항(8번), 함수의 그래프 개형을 그릴 수 있고 방정식과 부등식에 활용할 수 있는지를 묻는 문항(30번), 곡선으로 둘러싸인 도형의 넓이를 구할 수 있는지를 묻는 문항(26번), 순열과 조합의 뜻을 알고 순열과 조합의 수를 구할 수 있는지를 묻는 문항(22번), 조건부확률의 뜻을 알고 이를 구할 수 있는지를 묻는 문항(9번), 정규분포의 뜻을 알고 그 성질을 이해할 수 있는지를 묻는 문항(13번) 등을 출제하였다.

| 4. 문항 출제 시의 유의점 및 강조점 | ▪ 수학 영역에서는 출제 범위에 속하는 과목의 내용과 수준에 맞추어, 고등학교 교육과정을 정상적으로 이수한 학생에게 적합한 문항을 출제하였다. |

- 교육과정상의 중요도, 내용 수준, 소요 시간 등을 고려하여 2점, 3점, 4점으로 차등 배점하였다. 수학 가형과 수학 나형 모두 전체 문항 수의 30%를 단답형 문항으로 출제하였고, 답은 세 자리 이하 자연수가 나오도록 하였다.

- 수학 가형은 '미적분Ⅱ' 12문항, '확률과 통계' 9문항, '기하와 벡터' 9문항으로 구성하였다. 수학 나형은 '수학Ⅱ' 11문항, '미적분Ⅰ' 11문항, '확률과 통계' 8문항으로 구성하였다. 또한 '확률과 통계'의 3문항을 공통으로 출제하였으며, 수학 가형과 수학 나형의 난이도를 고려하여 공통 문항 3문항 모두 문항 번호를 달리하였다.

교과서에서 직접적으로 비슷한 문제가 출제되기도 한다. 다음의 예시를 살펴보자. 다음은 미래앤 교과서의 도전 수학 고수 문제다.

> 함수 $f(x) = 4^x + 4^{-x} - 2(2^x + 2^{-x}) + 4$의 치역을 구하시오.

다음은 2013년 6월 평가원 모의고사의 나형 29번 문항이다.

> 방정식 $4^x + 4^{-x} + a(2^x - 2^{-x}) + 7 = 0$이 실근을 갖기 위한
> 양수 a의 최솟값을 m이라 할 때, m^2의 값을 구하시오.

문항이 실제로 교과서에서 나오고 있다는 것을 보여주기 위한 예시이니, 이 문항의 내용을 이해하지 못해도 문제는 없다. 아무튼 교과서 속 문제에서 $2^x + 2^{-x} = t$로 치환하는 생각이 그대로 시험 문제에 적용될 수 있다. 그밖에도 수많은 교과서 적중 사례들이 있다. 따라서 교과서의 문제들을 제대로 풀지도 않은 채 다른 교재의 문제들은 이것저것 기웃거리는 것은 별로 좋지 못한 생각이다.

더불어 기출문제를 살펴보는 것을 강조하고 싶다. 일반적으로 정해진 시험 범위를 공부하기 위해 그림 1(38쪽)과 같이 해당 범위를 칠해나가는 방식으로 시험 범위 전부를 공부하게 된다.

하지만 시험의 정체를 알기 위해 기출문제를 중심으로 그림 2와 같이 공부하면 훨씬 더 효과적이다. 기본적으로 출제 문제를 바탕으로 그보다 조금 더 넓은 범위를 공부하는 식으로 말이다. 기출문제

그림 1

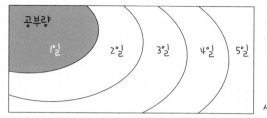

그림 2

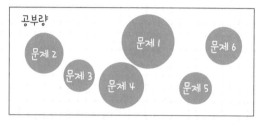

를 공부하고 그에 해당하는 개념을 폭 넓게 공부하면 그림 1과 같이 순서대로 모두 공부하는 것보다 훨씬 더 효과적이고 빠르게 공부할 수 있다. 따라서 공부를 하는 사람이라면 필수적으로 기출문제를 활용해야 한다.

짧은 시간에 성과를 높이는 기출문제 활용법

시험 기간이 너무 촉박해서 또는 시험 범위가 너무 많아서 시험에 치여본 적이 다들 있을 것이다. 당장 할 것은 너무 많은데 정공법으로 시작하기에, 즉 처음부터 다시 세세하게 보기에는 부담이 되고, 어떤 것을 골라서 봐야 할지는 감이 안 잡히고, 결국 시간은 흘러가고 스트레스만 쌓인다. 이러한 상황에서 어떻게 하면 짧은 시간에 최고로 효율을 낼 수 있을까.

답은 앞서 강조했던 기출문제에 있다. 모든 시험에서 가장 중요한 것은 이전에 나왔던 기출문제다. 하지만 대부분의 학생들은 기출문제를 그냥 풀기만 하는 정도로만 이용하지 정작 기출문제를 활용해 공부하는 법은 잘 모른다. 기출문제는 단지 '풀기만' 하면 일반 문제집과 전혀 다를 바가 없다. 그렇다면 기출문제를 대체 어떻게 활용해야 할까?

첫째, 기출문제가 출제된 단원을 먼저 봐야 한다. 즉, 시험 범위가 1~5장이라고 가정하면 시험에서 가장 많이 나오는 단원이 어디인지부터 생각해야 한다. 상식적으로 1~5장을 다 같은 비율로 공부할 필요는 없다. 때로는 양에 따라, 때로는 문제의 난이도에 따라 공부량을 달리해야 하므로 기출문제를 통해 기본적으로 어떤 부분에서 문제가 많이 나오는지를 먼저 살펴야 한다.

둘째, 비중 있게 다뤄지는 단원을 구분해야 한다. 즉, 어떤 부분에서 실질적으로 점수나 등급을 가르는 문제가 나오는지를 봐야 한다. 어떤 단원의 기출문제는 기존 문제를 살짝 바꿔서 나오는 수준이기 때문에 그리 깊이 공부하지 않아도 되지만, 어떤 단원에서는 깊이 이해를 해야 풀 수 있는, 시험의 난이도를 결정하는 문제가 나온다.

따라서 기출문제의 양과 난이도에 따라 '어떤 단원을 집중적으로 공부해야 하는가?'가 가장 중요한 기출문제 활용법이라고 할 수 있다.

셋째, 기출문제를 통해 출제될 문제를 추정해 봐야 한다. 사실 이점이 핵심이다. 기출문제의 변형문제는 크게 두 가지 유형으로 나올 수 있다. 첫 번째 유형은 완전히 같은 내용이 틀만 바뀌서 출제되는 경우다. 예를 들어, '2+3=5'라는 문제를 출제했다면 다음에는 숫자만 바꿔 '1+5=6'을 출제하는 단순 변형 문제가 있다. 수학에서만 이런 식의 문제가 나오는 건 아니다. 특히 암기과목에서 단순 변형 문제가 많다. '1592년에 일어난 조선과 왜의 전쟁은?'을 '임진왜란이 일어난 해는 몇 년도인가?'라는 문제로 바꾸는 경우도 이 유형에 속한다. 이러한 문제가 자주 출제되는 단원은 사실 많이 공부할 필요가 없고 기존에 출제된 부분만 주의 깊게 공부를 해주면 된다. 곁가지의 내용들은 툭툭 쳐내고 자주 나오는 부분에만 집중해서 큰 가지 위주로 공부하자.

두 번째 유형은 기존의 문제를 좀 더 응용하고 바꿔서 출제하는 경우다. 내가 경험한 의대 기출문제를 예로 들어보겠다. A라는 병에 대한 조건에 따라 1, 2, 3 세 가지 치료제를 쓸 수 있다고 가정해 보자. 올해 시험에는 'A'라는 병에 대한 치료제가 무엇인지를 물으면서 보기 중에 '치료제 1'이 있었다면, 다음 해에는 'A'라는 병에 'B'라는 조건이 추가되어 있을 때에는 '1, 2, 3 중에 어떤 약을 쓸 것인가?'와 같은 문제가 출제될 수가 있다.

수학문제로 예를 들어보면 올해 삼각형의 성질 중 무게중심에 관한 문제가 시험에 나왔다면 다음 해에는 외심을 출제하는 문제를 낼 수 있다. 이런 변형 문제들의 가장 큰 특징은 기존의 기출문제를 알기만 해서는 맞추기가 상당히 까다롭다는 것이다.

결국 기존의 기출문제를 가지고 어떠한 문제가 나올지 예상할 수 있어야 한다. 단순 변형된 문제를 공부할 때에는 큰 가지만 공부를 했다면 변형 문제를 공부할 때에는 큰 가지를 먼저 공부하고 계속하여 곁가지를 쳐나가면서 공부해야 한다. 즉, 변형 문제가 출제된 부분이 가장 집중해서 공부해야 하는 단원인 셈이다.

이런 식으로 기출문제를 활용하여 공부의 중요도를 구분하면 짧은 시간에 아주 큰 효율로 공부를 할 수 있다. 의대 본과 3학년 때 실습을 돌면서 내과 전체의 시험 범위를 공부한 적이 있었다. 하루 종일 실습을 돌기 때문에 아침을 먹고 나서 저녁을 먹기 전까지는 공부할 시간이 따로 나지 않았기 때문에 어떻게 하면 최고의 효율로 공부를 할 수 있을까 고민했다.

먼저 기출문제를 모두 분류했다. 단순히 학교 내신이지만 국가고시 준비 교재만으로 대비가 되는 단원이 있는가 하면, 학교에서 교수님이 수업한 파워포인트 슬라이드를 봐야만 대비가 되는 단원이 있고, 논문을 따로 찾아봐야 하거나 그 분야 출제 교수님이 실습 중에 얘기한 부분을 공부해야 하는 단원도 있었다. 이에 따라 국가고시 준비로만으로도 공부할 수 있는 부분은 최대한 공부량을 줄였고, 반면 외부 강의 자료나 논문과 같은 자료들을 찾아봐야 하는 단원에는 최대한 투자를 많이 했다. 단순 변형되는 문제가 출제되는 부분은 아예 책을 펴보지도 않고 문제만 줄줄 외웠다. 결국 내과 시험에서 우수한 성적을 거뒀고, 투자한 시간에 비해서 아주 큰 효율로 성과를 거둘 수 있었다.

이처럼 주어진 시간이 짧을 때 효율을 높이기 위해서는 기출문제를 활용해서 어떤 단원에 투자를 더 하고, 어떤 단원에 투자를 줄일 것인지 결정해야 한다. 즉, 기회비용에 맞춰 공부를 해야 제한된 시간 안에 공부 효율을 높일 수 있다.

최고의 효율을 위한 단원별 공부법

모든 범위를 100% 공부하는 게 능사가 아니다. 단원별로 출제되는 포인트가 다르며, 단원별로 시험에 나오는 양이 다르기 때문이다. 그렇다면, 단원별 공부는 어떻게 해야 효율적일까?

개념서와 문제집을 짝지어서 공부함으로써 매우 효율적이면서도 덜 지치는 공부를 할 수 있다. 이때, 문제집은 되도록 개념서와 같은 단원별로 되어 있는 것이 좋다. 첫날 A라는 개념서로 공부한 뒤, 2일째에 문제집에서 해당 단원의 A 개념에 관한 문제들을 풀고, 3일째에는 해당 단원의 연도별 기출문제를 풀고 A라는 단원의 복습을 하는 식으로 3일을 한 세트로 공부를 하면 큰 효과를 거둘 수 있다. 이는 실제로 내가 효과를 체감한 방법이다. 과학탐구 영역을 공부할 때 개념서 한 권, 단원별 문제집 한 권, 연도별 기출문제 한 권을 사서 3일을 세트로 모든 단원을 공부한 뒤에 다시 연도별 기출문제를 풀고, 개념서로 공부하는 방식으로 좋은 성과를 거두었다.

결국 '점수'가 되는 공부를 해야 한다

이번에는 이 장 서두에서 던진 질문 중 세 번째 '막연히 시간을 채우기 위한 공부가 아니라, 시험 점수에 도움이 될 공부를 하였는가?'에 대해 살펴보자.

공부의 종류를 나누는 방법은 여러 가지가 있겠지만 다음과 같이 크게 둘로 나눌 수도 있다. 하나는 지식의 축적을 위한 공부이고, 다른 하나는 시험 점수를 올리기 위한 공부이다.

물론 이상적으로 말한다면 시험 점수 그 자체가 목적인 공부보다는 궁극적으로 지식의 축적을 통해 시험 점수를 올려야 한다. 하지만 우리는 어쩔 수 없이 결국 시험 점수를 통해 공부의 성과를 평가받는다. 더욱 리얼한 사실은 100의 실력을 가졌다고 해서 꼭 그 사람의 점수가 100점이 나오는 게 아니라는 것이다. 즉, 시험 점수를 올리기 위한 공부는 자기 실력에 맞는 점수를 가져가기 위한 공부를 해야 한다는 뜻이다.

좀 더 구체적으로 말하자면 지식의 축적을 위한 공부를 한 뒤 이 축적된 지식을 내 점수로 바꾸는 공부를 해야 한다. 흔히들 말하는 '실전 연습'이다. 단순히 시간만 재고 모의고사나 시험지를 푼다고 실전 연습일까? 그렇지 않다. 흔히들 실전 연습은 시험과 비슷한 긴장감을 재현하는 것을 주목적으로 하지만 정말로 심하게 시험장에서 긴장하는 경우를 제외하고는 그리 중요하지 않다. 실전 연습의 가장 큰 핵심은 돌발 상황에 대해서 대처하는 능력과 평소에 자신의 능력에 대한 정확한 이해다.

시험은 정해진 시간 안에 정해진 문제를 푸는 게 일반적이다. 정해진 시간 내에 완주를 해야 하는 달리기에 비유하자면 매 코스마다 페이스 조절을 해야 하고 돌발적인 상황이 발생하였을 때 어떻게 대처할지 미리 계획이 짜여 있어야 한다. 구체적인 예를 들기 위해 나의 국어 시험 플랜을 소개한다.

삼수 시절 수능을 앞두고 있을 때의 이야기다. 많은 학생들이 그렇듯 나 역시 1교시의 시험이 가장 중요하고 1교시에 시험을 망치면 다음 시험들도 잘 보지 못할 것으로 생각했다. 그래서 100분간의 국어 시험을 위해 다음과 같은 전략을 세웠다.

6, 9월 평가원 모의고사의 난이도 및 등급 컷을 분석해서 시험이 어느 정도 난이도로 나올 것인가를 예측했다. 그리고 각각의 등급 컷에 대한 시험지를 얻어 30분, 50분, 70분, 90분 동안에 각각 몇 번 문제를 풀고 있는지와 몇 개의 문제를 넘어갔는지 통계를 냈다. 통계를 낸 이유는 과도하게 많은 문제를 넘기게 된 경우에는 시험이 어렵게 출제됐다고 판단할 수 있고, 일단 빠르게 모든 문제를 풀어낸 후 못 푼 문제를 고민할 시간이 얼마나 남을지를 알기 위해서였다. 그 결과, 1등급 컷이 94점 정도에 해당하는 시험지에서 평균

적으로 총 6개의 문제를 넘긴다는 통계를 얻었고, 15~20분 정도의 시간이 남는다는 결론을 냈다.

실제로 수능 시험장에서도 비슷한 정도의 문제를 넘기고 비슷한 정도로 시간이 남았기 때문에 안정감을 가지고 남은 문제를 풀었고 그 이후에도 시험을 잘 풀어낼 수 있었다. 이처럼 모든 시험 상황을 스스로 통제할 수 있도록 연습해야 한다.

조금 우습게 들릴 수도 있지만 듣기평가에서 잡음이 들릴까봐 일부러 듣기 모의고사에 잡음을 넣어서 시행하는 선생님도 있다. 이처럼 시험은 어떠한 변수가 생길지 모르기 때문에 그에 따른 대비를 해야 한다. 이뿐만 아니라 주관식에 어떤 답이 가장 많이 나오는지에 대한 통계와 같이 점수를 올리기 위한 공부는 사실 본질적으로 지식을 늘리기 위한 공부와는 궤를 달리한다. 그러나 이러한 수단도 시험에서 덜 당황하고 좀 더 안정감 있게 대처할 수 있기 때문에 전체 시험에서 제 실력을 내는 데 도움이 된다. 시험을 위한 공부 역시 중요한 공부로 받아들이고 대비하기를 바란다.

덧붙여서 시험을 잘 치를 수 있도록 다음 네 가지에 주안점을 맞추도록 하자. 첫째, 난이도별로 나의 시험 진행 상황을 파악하자. 둘째, 약한 단원이나 파트에서 출제되었다면 항상 일단 넘겨놓고 나중에 풀 준비를 하자. 셋째, 소음과 같은 외부 상황에 대해서도 대처할 수 있도록 공부하자. 마지막으로 시험 당일에 이상한 것을 먹거나, 시험 전에 병이 나거나 다쳐서 컨디션이 망가지는 것 또한 조심해야 한다.

04

강의 들은 것을
공부한 것으로 착각하지 마라

들으면 아는 지식과 설명할 수 있는 지식

고3 때는 물론이고 재수, 삼수 시절에도 항상 고민하던 것은 강의는 얼마나 들어야 하고 자습에는 어느 정도 시간을 들여야 하는가 하는 문제였다. 강의를 들으면 내가 머리를 쓰지 않아도 단순히 듣고 배우는 것을 필기하며 공부시간이 채워지니 나도 모르게 공부를 열심히 한다는 생각이 들었고, 그러다 보니 강의 듣는 시간을 늘리는 데만 급급했다. 5시간 수업을 들은 것을 5시간 동안 열심히 공부했다라고 착각하는 셈이다.

세상에는 들으면 아는 지식과 내가 설명할 수 있는 지식, 이렇게 두 가지가 있다. 강의를 들으면 다 아는 것 같지만 실제로 문제를 풀어보면 잘 안 풀리는 이유는 내가 들으면 아는 지식을 설명할 수 있는 지식으로 바꾸는 공부를 하지 않았기 때문이다.

혼자 자습하는 것만으로는 새로운 지식을 습득하는 데에 한계가 있고 효율 또한 그다지 좋지 않다. 강의와 같은 방법으로 한 줄로 정리해서 전달할 수 있는 내용을 두 번, 세 번 잡아 늘여서 알 필요는 없기 때문이다. 그러나 강의에만 의존하게 된다면 어렴풋이 아는 지식만 늘뿐 실제로 아는 지식은 그에 미치지 못하게 된다. 따라서 적당한 강의와 자습의 균형을 맞춰야만 공부를 효율적으로 잘 할 수 있다.

다음 그래프를 살펴보자.

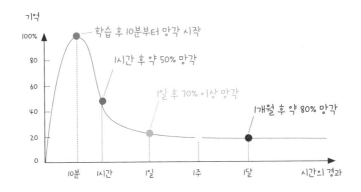

이 그래프는 '에빙하우스의 망각곡선'으로, 공부하는 사람들이라면 알아둘 필요가 있는 중요한 그래프다. 그래프를 보면 공부한 내

용은 시작한 지 10분부터 망각하기 시작한다. 1시간만 지나도 절반이나 잊어버리게 되니 망각이란 세상을 살 때 꼭 필요하기는 하지만 공부하는 사람의 입장으로는 참으로 얄궂다. 만약 두 시간 동안 강의를 들었다면 그 시간이 끝났을 때 첫 1시간 동안 들은 강의는 이미 50% 이상 까먹은 상태라는 뜻이다. 대다수 인터넷 강의가 1시간을 잘 넘지 않는 것은 이런 망각곡선을 보면 당연한 듯하다.

나는 강의를 보는 시간을 최대한 줄이도록 노력했다. 강의를 이용해서 복습을 하는 경우도 있었다. 모르는 부분을 인강으로 최대한 여러 번 돌려보는 것 자체가 복습에 큰 도움이 되기 때문이다. 특히나 졸린 시간을 이용해서 핵심 단원이나 잘 못하는 단원의 인강을 여러 번 반복해서 들었다.

특히 수학의 경우 개념은 다 알지만 일부러 2배속으로 강의를 들으면서 아는 내용들을 큼직하게 정리하고 흐름이 이어지지 않는 부분은 늦춰 들으면서 빠진 개념을 메우는 식으로 공부했다. 지하철이나 버스 안에 있는 동안에는 책을 펴고 공부하기가 어렵기 때문에 해당 부분의 핵심 개념이 정리된 유튜브를 보거나 모르는 부분, 잘 못하는 부분의 인강을 들으며 시간을 보냈다.

대학에 와서도 이러한 방법을 똑같이 활용했다. 하루에 들은 강의를 꼭 복습하고 나서 문제를 푸는 식의 패턴을 유지했다. 반대로 내가 강의를 하는 입장이 되어서 느끼게 된 것은, 내가 설명할 수 있는 지식은 그냥 지식과는 매우 다르다는 사실이다. 공부 잘하는 친구들이 다른 친구들이 뭔가를 물어왔을 때 친절하게 설명해 주는 이유도 여기에 있을 것이다. 설명을 해주면서 내가 이전까지 어려워했던 부분들이 비로소 이해가 가는 경우도 있고, 이미 알고 있는 내용이라도 설명해 주면서 더 단단하게 알게 된다.

사람마다 개인차가 있으므로 정확한 시간 배분까지 일률적으로 적용되기는 어렵겠지만 대체로 처음 하는 공부의 경우, 예를 들어 처음 탐구 과목을 공부한다던가 처음 미·적분을 공부한다면 한 시간 강의를 본 뒤, 한 시간 복습하고, 한 시간 해당 문제를 푸는 식으로 공부하면 망각하는 부분이 줄어들고 효율이 높아질 것이다.

공부는 항상 개념과 문제가 이어져 있기 때문에 해당 개념을 들은 후에 1시간 안에 복습함으로써 최대한 망각을 줄이고, 곧바로 이어서 개념에 맞는 문제를 푼다면 둘이 연결되어 더 오래 기억에 남을 것이다. 따라서 공부 시간을 배분할 때에는 꼭 강의와 자습을 1:2의 비율로 하기를 권한다.

덧붙여서, 결국 공부는 모르는 부분을 배우는 것이다. 만약 확실하게 아는 부분이라면 과감하게 넘기는 용기가 필요하고, 모르는 부분이 나온다면 아무리 시간이 걸리더라도 확실하게 알고 넘어가야 한다. 만약 500문제가 있는 문제집에 5시간 할애해 5문제밖에 틀리지 않은 사람과 100문제가 있는 문제집을 5시간을 할애해 10문제 틀린 사람이 있다면, 단순히 500문제를 푼 사람보다는 100문제를 풀며 10문제를 틀린 사람이 더 값진 공부를 한 것이다. 모르는 것 또는 내가 잘 못하는 것에 익숙해져야만 성적이 오른다는 것을 꼭 기억하라. 막연히 시간을 채우는 공부만을 한다면 절대로 시간에 비례해 성적은 오르지 않는다. 문제를 틀리고 괴롭고 힘든 공부를 해야만 성적으로 이어진다는 것을 절대 잊지 말라.

게임처럼 성적을 '레벨 업' 하려면

'공부가 항상 성적에 직접 기여하는가?'는 늘 고민스러운 문제였다. 공부는 열심히 하는 것 같은데, 주위에서도 열심히 한다고 하는데 막상 성적은 잘 오르지 않을 때 좌절감은 정말 이루 말할 수 없다. 대체 어떻게 해야 성적이 오르는 공부를 할 수 있을까?

고등학생 때도 재수 때도, 책상에는 앉아 공부는 하지만 당장 시험에는 그 결과가 바로바로 반영되지 않으니 마음속으로 답답하고 한편으로는 다른 점수를 올리는 비책이 있을까 하는 궁금증이 머릿속을 떠나지 않았다. 부모님께서 점수를 보여드렸을 때 결과가 안 좋다면 공부 혹은 노력을 안 했다고 생각하시니 이것도 답답할 노릇이었다. 마음속으로는 자신감도 무너지기 때문에 공부를 할 때 안팎으로 괴롭기 이를 데가 없다.

공부는 추상적인 반면에 성적은 아주 구체적이다. 몇 점에 몇 등인지까지 숫자로 딱 나온다. 공부가 게임과 같다면 얼마나 좋을까? 게임은 시간을 투자하면 웬만하면 경험치로 이어지고, 경험치가 쌓이면 그만큼 레벨이 올라가니 대체로 시간을 투자한 만큼 결과가 나온다. 게임처럼 시험 성적이 아닌 공부 능력이 수치처럼 표시되어 내가 어느 정도 공부하고 있는지 항상 확인하면 얼마나 좋을까?

삼수를 거쳐 대학에 와서도 계속 공부에 파묻혀 지내다 보니 방법만 다를 뿐 공부야말로 게임과 가장 비슷했다. 다른 점이 있다면 게임에서 경험치를 쌓는 과정은 레벨 업이라는 목표가 있지만, 공부는 내가 목표를 설정해서 경험치를 쌓아야 한다는 것이다. 다시 말해서 어떤 과목에 어떤 성적이냐에 따라 내가 쌓아야 하는 경험치의 종류가 다르고 공부는 목표에 맞는 경험치를 쌓아야만 레벨 업이 된다는 것이다.

나는 수학이나 영어에 자신이 있었지만 과학탐구 영역은 자신이 없었다. 막연히 과학탐구 영역의 개념 공부를 하고 문제를 풀고 시험을 보는 것을 되풀이했지만 재수 시절에도 성적이 별로 나아지지 않았다. 하지만 삼수 시절에는 재수 때처럼 막연히 공부하지 않았다. 생물이라면 생물 단원의 어느 부분을 못하고 어느 부분을 잘 모르고 있는지 먼저 생각해 보았다. 가장 좋은 방법은 오답노트를 만드는 것이라고 생각했기에 그때까지 봤던 모의고사들을 꺼내서 틀린 문제를 오려 붙이기 시작했고, 그러자 어느 부분이 약한지가 드러났다.

유전 단원은 모든 학생들이 어려워하는 부분이니 당연히 그 부분은 잘하지 못하였고, 의외로 다른 친구들이 잘하는 생물체의 특징이라든지, 세포생물학에 관한 부분이 약하다는 사실이 드러났다. 그에 따라 취약한 부분의 개념을 다시 강의를 듣고 해당 부분을 복습했고, 해당 부분의 문제만을 따로 모아 집중적으로 풀기 시작했다. 그 결과 성적이 오르기 시작했다. 매번 특정 점수를 기준으로 위아래로 요동치던 점수가 일정하게 몇 점 이상 나오기 시작했고 시험을 봐서 틀린 문제가 누적될수록 어떤 방향으로 어떤 부분을 공부해야 할지 구체적으로 생각할 수 있게 되었다.

결국 공부란 내가 약한 단원, 내가 모르는 단원의 경험치를 쌓아 레벨업을 거듭하면 그 결과가 성적으로 이어지는 아주 단순한 구조라는 것을 깨달은 것이다.

이러한 공부가 점점 확장되다 보니 애초에 정말 공부를 잘 못하고 있었다는 것을 절실하게 깨달았다. 국어, 수학, 영어가 아닌 과학 탐구 쪽 성적이 좋지 않았는데, 다른 학생들과 같이 국어, 수학, 영어 위주로 공부한 게 가장 큰 원인이었다. 이래서는 성적이 크게 오를 수가 없겠다는 생각이 들었고 이때부터는 자신 있던 국어와 영어 공부 비중은 크게 줄여서 감만 유지하고 그동안 잘 못했던 탐구 과목에 시간을 투자했다. 그러면서 성적이 오르기 시작했다. 점점 탐구 과목에 대한 자신감도 커져갔다.

많은 수험생들은 자기가 잘하고 좋아하는 과목을 위주로 공부하는 경향이 있다. 하지만 결국 우리는 모든 과목을 다 잘해야만 한다. 내가 못하는 부분을 공부해야 성적이 오르는 것이다. 게임에서도 쉬운 적만 때려잡아서는 경험치가 잘 오르지 않는다. 버거운 적을 잡아야 경험치도 많이 얻고 좋은 아이템도 잡을 수 있다. 마찬가지로 공부의 가장 큰 적은 '내가 못하는 단원', '내가 못하는 과목'이다. 이 부분을 때려잡아 레벨 업을 거듭한다면 어느 순간 성적은 물론이고 약했던 단원과 과목에 대한 자신감 역시나 상승할 것이다.

목표가 명확해야 노력이 목표로 이어질 수 있다. 모르는 것을 알기 위한 공부를 해야만 성적이라는 목표를 향해 일직선으로 노력이 이어진다. 아래 그림처럼 같은 시작점과 목표를 가지고 있더라도, 일직선으로 목표까지 달려가는 사람과 곡선으로 왔다 갔다 하는 사람의 차이는 클 수밖에 없다.

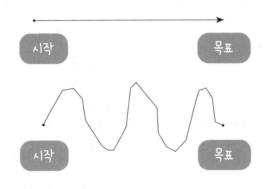

공부를 하다 보면 지금 도대체 무엇을 해야 할지 끊임없이 고민하게 된다. 어려운 고민이지만 답은 간단하다. 게임처럼 생각하라. 내가 가고자 하는 성적의 목표와 그 성적을 가로막는 방해물이 무엇인지 생각해 보자. 어떤 과목이 점수가 가장 안 나오는지, 목표 점수에 가장 부족한 과목이 어떤지를 시작으로 해서 오답 노트를 통해 도대체 어떤 단원이 나를 방해하는지를 먼저 알아내야 한다. 그 과목과 단원을 완전히 알게 될 때까지 지속하여 풀고 또 풀고, 강의를 듣고 또 듣다 보면 어느 순간 장애물을 넘었다는 생각이 들 것이다.

남들이 무엇을 하고 있는지는 생각하지 말라. 다들 시작 지점과 목표까지 가는 길 위에서 어디쯤에 있는지가 다르고 방해물이 다르다. 다른 사람들이 무엇을 하고 있는지는 중요하지 않다. 지금 서 있는 위치에서 목표로 하는 성적까지 가는 최단거리는 저마다 다르다. 공부를 시작하거나 공부는 하고 있지만 갈피를 잡기 힘들다면, 무엇이 내 성적을 방해하는 장애물인지, 어떤 녀석을 때려잡아야 공부의 경험치를 제대로 얻을지를 먼저 생각하라.

05

실력 + 행운 − 실수 = 점수

모의고사는 예방백신과 같다

재수를 거쳐 삼수 과정에서 많이 고민했던 문제 중 하나는 모의고사를 어떻게 받아들이고 어떻게 활용해야 할지였다. 모의고사를 점수 자체로만 받아들이기에는 큰 의미가 없다고 생각했고, 또 점수를 완전히 무시하기에는 시험을 보는 이유 자체가 없다고 생각했기 때문이다. 하지만, 삼수 끝에 대학교에 들어가고, 과외로 학생들을 가르쳐 보면서 느낀 것은 모의고사는 마치 우리가 맞는 예방백신과 같다는 것이다.

예방백신은 약화시킨 균을 미리 몸에 주입해 실제로 균이 들어왔을 때 이미 형성된 면역으로 인해 균을 제압하는 게 그 원리다. 모의고사도 마찬가지다. 모의고사는 기본적으로 '틀리기 위한 시험'이다. 실전이 아닌 시험이기 때문에 틀려도 되는 시험이다. 오히려 틀린 문제를 통해서 내가 어디에 약한지를 알 수 있다. 하지만 설령 아는 문제를 실수로 틀렸다고 해도 쉽게 넘어가서는 안 된다. 몰라서 틀렸든, 실수로 틀렸든 간에 틀린 문제를 내 것으로 만드는게 중요하다.

모의고사의 점수 자체는 아주 큰 의미는 없다. 모의고사 점수가 아무리 좋아봐야 목표 달성은 실제 시험의 결과에 따라 결정되고 모의고사 점수가 높다고 해서 실제 시험에서 이득이 주어지는 것도 아니다. 모의고사는 내가 못하는 부분에 미리 백신을 맞는 '틀리기 위한 시험'이라는 것을 명심해야 한다. 이제 모의고사를 어떻게 활용하고 어떻게 피드백을 해야 하는지 구체적으로 알아보자.

삼수 시절에 과목별로 모의고사를 본 후 틀린 문제를 오려서 정리하기 시작했다. 일단은 몰라서 틀린 것과 실수로 틀린 것으로 분류해서 틀린 문제를 모았다. 실수로 틀린 것을 모은 뒤에는 그 실수를 어떻게 방지할까를 고민했다. 생각해낸 방법 중에 지금도 기억나는 것은 '옳은 것을 고르시오'라는 문제를 실수로 '옳지 않은 것을 고르시오'처럼 푼 경우다. 이를 방지하기 위해 문제를 다 읽고 '옳은 것을 고르시오'라는 문제에는 크게 동그라미를 표시해서 다시 한 번 옳은 것을 골라야지, 하고 생각했고 '옳지 않은 것을 고르시오'라는 문제에는 문제 옆에 크게 ×표를 쳐서 틀린 것을 고르는 문제라는 것을 상기시켰다. 이런 식으로 처음에 문제를 풀 때 어떤 답을 골라야 하는지 다시 한 번 스스로 상기시키고 난 뒤로는 그런 실수를 하지 않았다.

수학 영역에서는 문제에서 구하고자 하는 것에 동그라미를 치거나 미지수로 두려고 노력했다. 이러한 여러 가지 방법으로 실수를 줄이려고 노력했고 시험 상황에서는 점차 실수가 줄어들어 그 효과를 크게 볼 수 있었다. 단순히 '아! 이거 실수했다. 다음에는 실수하지 말아야지'하고 넘어간다면 다시 같은 실수를 하기 쉽다. 사람들은 대부분 어떤 습관이 있고 그 습관을 고치기가 매우 힘든데 시험 때의 실수도 습관과 비슷하다. 모의고사를 여러 번 치르는 이유 중 하나는 이런 치명적인 실수 또는 습관을 방지하기 위해서다. 따라서 시험 결과를 검토할 때 절대로 실수라고 그냥 넘어가는 일이 있으면 안 된다. 꼭 실수는 실수대로 모아서 그 실수를 어떻게 방지할 것인가 생각해 보고 생각해 낸 방법이 있으면 실행에 옮겨서 다음에는 같은 실수를 반복하지 않도록 해야 한다.

몰라서 틀린 문제는 먼저 단원별로 문제를 구분했다. 단원별로 모인 문제는 다시 소단원별로 구분해서 어떠한 부분을 가장 많이 틀리는지 순위를 정한 뒤에 시험 후 일주일 동안은 해당하는 취약 단원만 집중해서 공부했다. 이러한 식으로 하다 보니 결과적으로는 취약한 부분이 점차 사라졌고 원하는 만큼의 성적을 얻을 수 있었다.

수험 생활과 학생들을 가르치면서 깨달은 사실은 대부분의 학생들이 내가 어디가 취약한 부분인지를 잘 모른다는 것이다. 어디가 취약한지 안다고 해도 구체적으로 물어보면 어떤 부분의 어떤 단원이다, 라는 식의 구체적인 약점이 아니라 대충 어디가 약한 것 같다는 식으로 에둘러서 대답하는 경우가 많다. 시험 점수를 갉아먹는 주된 원인은 결국 취약한 단원이다. 취약한 단원을 집중적으로 공부하지 않으면서 점수가 잘 나오지 않는다고 시험 범위를 전체를 계속하여 훑는다면 성적 향상은 모래밭에서 잃어버린 다이아몬드를 찾기보다 더 어렵다.

지금까지 이야기를 정리해 보자. 첫째, 실수로 틀린 문제와 몰라서 틀린 문제를 구분해야 한다. 둘째, 실수로 틀린 문제는 실수의 유형을 분류하고 어떻게 하면 그와 같은 실수를 되풀이하지 않을지 방법을 찾고 실행에 옮겨야 한다. 셋째, 몰라서 틀린 문제는 단원 수준을 넘어 소단원 수준으로까지 세분화해서 그 부분은 며칠이 걸리든 집중적으로 파헤쳐야 한다.

모의고사를 이 정도만 활용해도 얻어갈 것은 다 얻어간 셈이다. 해로운 균을 약화시켜서 일부러 예방주사로 맞듯이 모의고사도 실수나 모르는 부분 때문에 실전에서 타격을 입지 않고 예방주사를 맞을 수 있는 유일한 기회다. 따라서 모의고사는 정말로 실전처럼 봐야 하지만 모의고사 점수만으로 스트레스를 받아 앞으로 해야 할 공부에 지장을 받을 필요는 없다. 모의고사를 효과적으로 활용해서 실전에서는 실수 없이, 그리고 모르는 것 없이 만점을 노려보자.

실수를 방지하는 꿀팁

다들 시험을 보다보면 자기도 모르게 '아차!'하는 어이없는 실수를 한 적이 있을 것이다. 단순하게 더하기를 잘못 했다든가, 문제를 잘못 읽어서 옳은 것을 골라야 하는 문제에서 틀린 것을 고르는 것과 같은 실수는 누구나 해보았을 것이다. 점수 1점 1점이 중요한데 이러한 실수는 정말로 치명적으로 다가오고 시험 뒤에는 스스로에 대한 원망과 자책 때문에 힘들어 해본 경험이 다들 있을 것이다. 나역시 물론 예외는 아니었다.

왜 우리는 어이없는 실수나 착각을 할까? 조급한 마음 때문이다. 조급하기 때문에 문제를 제대로 읽지 않거나 평소에는 잘만 하던 연산에서 실수가 나온다. 조급한 마음을 가지면 문제 하나하나에 대한 집중력이 떨어지고 집중력이 떨어지면 실수가 나온다.

의외로 시험에 나오는 지문이나 문제를 집중해서 읽지 않는 학생들이 많다. 그만큼 실수할 확률이 높아지는 것이다. 가장 집중해서 읽어야 하는 부분은 문제인데, 답을 찾는 데에만 마음에 쏠려 있다보니 지문을 읽는 시간을 많이 쓰기에는 마음이 조급하다. 결국 지문을 대충 읽고 문제를 풀고, 문제의 중요한 조건을 놓쳐서 오답을 찾는 일이 생긴다.

따라서 어떠한 시험이든 가장 집중해야 할 부분은 '문제' 그 자체다. 문제를 읽을 때에는 의식적으로라도 조금 느리게, 차분한 마음으로 찬찬히 읽는 습관을 들여야 하다.

그밖에도 실수를 줄일 수 있는 다른 방법들도 살펴보자.

첫째, 시험을 볼 때 처음부터 100퍼센트의 집중력으로 보기에는 쉽지 않다. 실수를 줄이기 위해서는 최대한 쉬운 문제부터 어려운 문제 순으로 풀어주는 편이 좋다. 집중력이 100퍼센트가 되지 않으면 문제를 못 풀거나 실수할 수도 있으므로 문제가 잘 풀리지 않거나 잘 읽히지 않는다면 일단은 넘기는 습관을 가지는 것이 중요하다. 집중력은 시험 시작 전보다는 오히려 시험 중에 최대한 끌어올려지므로 시험을 시작했다면 일단은 멈추지 않고 문제를 풀어나가는 것이 중요하다. 따라서 쉬운 문제부터 푸는 습관을 들이도록 하자.

둘째, 차분해지기 위해서는 결국 마음의 조급함을 버려야 한다. 조금 더 긍정적으로 생각하고 시험 전에, 또는 시험 도중에 막히는 문제가 생긴다면 잠깐 멈춰서 5초라도 진정하는 시간을 가지고 시험에 집중하거나 문제를 다시 읽어보라. 항상 침착하게 문제를 푸는 것이 가장 중요하다. 매사에 부정적인 마음을 가진다면 시험 중에도 부정적인 생각만 꽉 차서 마음이 급해지게 되니 당연히 실수할 확률도 올라간다.

셋째, 내가 주로 실수하는 유형을 따로 정리하여 실수 노트를 만들어서 여러 번 보자. 실수 노트를 만들다 보면 반복적으로 실수하게 되는 부분이 있다는 것을 알 수 있다. 이러한 부분을 깨닫고 있기만 해도 실제로 시험을 볼 때 염두에 둘 수 있기 때문에 실수를 방지하는데 아주 큰 도움이 된다.

이런 노력들을 잘 활용하면 최대한 실수를 줄일 수 있을 것이다. 모의고사나 혼자 시험을 보는 목적 중에는 어떤 부분에서 실수가 많이 나오는지를 알기 위한 것도 있다. 모의고사나 다른 시험을 활용해서 실수 노트를 따로 만드는 것이 정말로 중요하다. 누구나 실수는 하게 되니 너무 실수에 목매다 보면 오히려 더 실수하게 되는 경향이 있다.

위와 같은 방법으로 잘 대비하고 있다면 실전에서는 실수를 막을 수 있다. 긍정적인 마음을 가지고 차분하게 시험을 치자. 그러면 실수 없이 내 실력을 완벽하게 발휘할 수 있을 것이다.

행운은 잡고 불운은 줄여라

재수 시절 한 친구의 일화를 소개하고자 한다. 그 친구는 수학에는 자신이 없지만 다른 과목은 그럭저럭 자신이 있다고 이야기했다. 그 친구는 수학은 물론 다른 과목도 열심히 공부했지만 매번 수학에서는 원하는 만큼의 성과를 얻지 못했다. 하지만 친구의 공부 습관은 별로 달라지지 않았고 때가 되어 수능을 보러 갔다.

수능 시험장에서 국어는 평소대로 자신 있게 치렀지만 수학에서는 객관식 몇 문항을 풀지 못한 채로 시험이 끝났다. 그 뒤로 영어 영역, 탐구 영역까지 시험을 마쳤고 채점을 할 때 놀라운 일이 벌어졌다. 몰라서 찍었던 수학 세 문제가 모두 정답이었던 것이다. 심지어 한 번호로 몰아서 썼지만 세 문제 다 정답이었다. 다른 과목들은 평소와 같이 좋은 성적을 얻었고 결국 재수를 결심하던 친구는 원하던 대학에 진학할 수 있었다.

이 이야기를 한 것은 단순히 이렇게 운 좋은 사람도 있다는 얘기를 하기 위해서가 아니다. 모든 시험은 단순히 실력으로만 점수가 정해지는 것은 아니다. 누군가는 찍어서 맞출 수도 있고 누군가는 그날 컨디션이 안 좋거나 뭐에 홀린 듯 제 실력을 다 발휘하지 못할 수도 있다. 중요한 것은 행운이 왔을 때 그 행운을 잡을 능력이 되어야 한다는 것이다. 만약 친구가 수학 점수가 잘 안 나온다고 수학 공부를 열심히 하지 않았다면 단지 몰라서 찍은 몇 문제가 맞았다고 점수가 잘 나왔을까? 다른 과목을 열심히 하지 않았다면 수학을 평소보다 훨씬 잘 봤다고 해도 다른 과목의 점수가 생각보다 안 나와서 원하는 대학에 가지 못했을 수도 있다.

내 좌우명 중 하나는 '행운을 잡을 수 있는 사람이 되자'이다. 누구나 살아가면서 기회는 찾아오기 마련이다. 그 기회가 시험일 수도 있고, 복권일 수도 있고, 사람을 사귀는 일일 수도 있다. 사람마다 어떤 기회가 찾아올지는 정말로 다양하겠지만 어느 상황이든 가장 중요한 것은 그 행운을 잡을 수 있도록 노력하는 태도다. 결국 행운이 뒷받침되어서 원하는 목표로 나아가기 위해서는 기본적인 실력이 있어야 한다.

시험에는 찍었는데 운이 좋아서 맞을 수도 있고 불운하게도 내가 모르는 내용만 나와서 시험을 망칠 수도 있기 때문에 '실력=점수'라는 등식은 성립하지 않을 때가 종종 있다. '실력만큼만 보자'라는 말처럼 실력을 최대한 점수로 바꾸기 위해서는 어떠한 노력을 해야할까?

먼저 시험장에서는 긴장을 할 수도 있고 여러 가지 변수가 있을 수도 있다는 점을 염두에 두어야 한다. 그날 먹은 아침이 탈이 날 수도 있고, 전날 감기에 걸릴 수도 있고, 시험장에서 떨지 않기 위해 먹은 약 때문에 잠이 솔솔 오는 역효과가 날 수도 있다.

이렇게 예상하지 못한 여러 상황에 대비해서 시험 당일은 무조건 평소에 먹던 식단대로 먹자. 시험 전에 하루가 멀다 하고 컵라면만 먹던 사람이라면 컵라면을 먹을 때 뱃속이 가장 편할 것이다. 나는 시험 당일은 평소에 먹던 국과 밥 위주로 먹었다. 생체 리듬을 시험에 맞추기 위해 뇌가 활성화되기까지 걸리는 시간을 약 2시간으로 고려해서 시험 보기 2시간 전에 일어나는 연습을 한 달 가량 꾸준히 해 왔다.

마지막으로는 실전에서 앞선 시험에 뒤의 시험이 영향을 받지 않기 위해 첫 시간에 보는 국어 공부를 가장 열심히 했다. 더 구체적으로 보면 국어 시험 시간 100분을 임의로 20분, 30분, 30분, 16분, 4분으로 쪼개서 해당 시간에 몇 번까지 문제를 풀고 있는지를 모두 기록하고, 몇 개의 문제를 별표만 치고 넘어갔는지도 계산했다. 이렇게 시간대별로 구분해서 약 10회 정도 시험을 쳐보니 등급 컷에 따라, 그리고 시간대에 따라 내가 풀고 있는 문제 번호나 넘어간 문제들의 수가 다르다는 것을 알 수 있었다. 이를 통해 이후에 시험장에서 난이도에 대해 객관적인 평가를 할 수 있었고 당황하지 않는 기반이 마련되었다. 마지막 4분은 혹시 마킹을 실수하거나 OMR 카드를 교환해야 할 상황을 대비하여 비워두는 시간으로 삼았다.

이 정도로 연습을 실전처럼, 아니 모든 상황을 조절하는 '시험 루틴'을 만들고 시험장에 들어가니 절대로 어떠한 난이도에도 말릴 일이 없다는 생각이 들어 자신감이 상승했다. 실제 시험장에서도 예상한 난이도대로 문제가 나왔고 시간은 물론 마킹도 문제없이 언어 영역을 마치고 수학 시험으로 넘어갔다. 다른 과목들도 마찬가지로 등급 컷에 따라 먼저 모의고사를 분석한 후 시간대에 따라 몇 번 문제를 풀고 있는지, 또 몇 개를 별표 치고 넘어갔는지를 미리 조사해서 시험을 보는 시간을 온전히 내가 쓸 수 있는 시간으로 만들었다. 이렇게 하고 나서야 들쑥날쑥 하던 점수가 어느 정도 일정한 수준으로 나오는 것을 느낄 수 있었고, "여태까지 내가 한 공부는 실력을 위한 공부이지, 점수를 위한 공부는 아니다!"라는 것을 알 수 있었다.

이렇듯 실력을 점수로 만들기 위한 공부는 막연히 실력을 쌓기 위한 공부와는 확연히 다른 면이 있다. 시험 시간에 따라 어디를 풀고 있는지, 몇 개의 문제를 별표 치고 넘어가는지 난이도에 따라 구분해 알고 있어야 하고, 내가 특히 못하는 유형이 나올 때 바로 넘어갈지 아니면 몇 분을 투자할지와 같은 계획도 확실하게 정해 놓아야 한다.

수학의 경우는 더 구체적이다. 30번 문제를 군이 내가 맞춰야 할

지도 생각을 해야 한다. 최근 2년 동안 30번 문제의 정답자는 전국에서 2백 명 내외라고 한다. 내가 가고 싶은 대학의 목표 점수가 만점이 아니라면 30번 문제는 버려두고 다른 문제에 투자하는 것이 더 나을 수도 있다는 뜻이다.

이처럼 나의 목표나 전략에 따라 시험 전략은 달라져야 하고 그에 따라 시험을 대비해야 하는 방법이나 마음가짐도 달라져야 한다. 대부분의 수험생들은 이런 식의 대비를 하지 않는 듯하다. 단순히 실력이 높으면 점수를 잘 받을 거라는 막연한 기대를 가지는 학생들이 많지만 이상과 현실은 다르다. 내가 봐야 할 시험의 특징을 파악하고 시험에 맞춘 대비를 철저히 해야 한다. 실력만으로는 점수를 높게 받기는 힘든 부분이 분명 있다는 것을 명심해야 한다.

시험지 피드백 작성법

몸에 밴 실수 습관을 줄이자

시험을 본 뒤 가장 중요한 것이 무엇일까? 바로 시험을 치면서 느꼈던 부족한 부분을 메모하는 시험지 피드백이다. 성적을 올리는 가장 좋은 기회를 만들어 주는 것이 시험지 피드백이다. 오답노트까지는 작성하지 못하더라도 반드시 시험지 피드백만큼은 해야 실수를 줄일 수 있다. 우리는 시험에서 어떤 문제를 틀릴까? 대부분의 사람들이 새로운 실수로 문제를 틀리기보다는 저번에 했던 같은 유형의 실수로 문제를 틀릴 확률이 훨씬 높다. 몰라서 틀리는 건 어쩔 수 없지만 아는 내용인데도 실수로 틀렸다면, 게다가 이전에도 비슷한 유형의 문제를 실수로 틀렸다면, 몰라서 틀린 문제와는 비교도 안 될 정도로 속이 쓰리다. 충분히 대비할 수 있었음에도 못했으니 더더욱 스스로 자책하게 된다.

	2학기 중간고사 후기
국어	▪ 평소 모의고사나 고전시가 등 문학작품 많이 접하기 ▪ 국어 교과서, 프린트만! 문제집 필요 없음!
영어	▪ '주제찾기' 모의고사 문제 많이 풀어보기 ▪ 지문 외우기
수학	▪ 1등급 문제 풀기 ▪ 사고력 증진 시키기! 모의고사 문제 많이 풀기
과학	▪ 교과서 정독하기 ▪ 시험볼 때 생각 많이 해서 풀기
기술 · 가정	▪ 외우기
한문	▪ 외우기
사회문화	▪ 잘했음. 문제집 풀기
국사	▪ 서술형 대비하기

하지만 실수도 실력이다. '아, 나 충분히 90점 넘을 수 있었는데 실수로 두 문제를 더 틀렸어…'라는 생각이 들겠지만 '충분히 90점 넘을 수 있었는데'라는 생각은 이번 시험을 예상보다 잘 보지 못한 결과를 합리화할 뿐이다. 실수로 인해 깎인 점수까지 진짜 내 점수이자 실력이다. '다음부턴 실수하지 말아야지' 하고 넘어가는 학생

들이 많은데, 과연 이렇게 생각만 한다고 해서 정말 실수가 줄어들까?

인간은 망각의 동물이다. 결국 다음 시험에서 내가 이전에 무슨 실수를 했었는지 까먹고 이미 몸에 배어버린 문제풀이 습관으로 인해 같은 실수를 반복할 것이다. 기록하지 않으면 잊기가 매우 쉽다. 또한 실수라고 해서 다 같은 종류의 실수가 아니다. 실수의 종류는 굉장히 여러 가지가 있으며 이에 따른 대비 방법도 전부 다르다. 따라서 내가 무슨 실수를 했었는지 분석을 하고 이에 따라 다음 시험을 준비할 때 실수하지 않도록 의식적으로 연습할 필요가 있다.

학교 내신의 경우 1학기 중간고사·기말고사, 2학기 중간고사·기말고사까지 전부 같은 선생님이 출제하기 때문에 이전 시험의 결과를 바탕으로 다음 시험을 대비할 수 있다. 선생님마다 출제하는 문제 유형은 약간씩 다르다. 선생님께서 중요하게 생각하시는 부분은 수업 시간에 조금만 집중하면 드러난다. 수업 시간에 그 포인트를 체크하는 것이 가장 좋지만, 그러지 못했다면 첫 시험에서 알 수 있도록 하자. 1학기 중간고사를 보고 나서 선생님이 주로 어느 부분에 서술형 문제를 내는지, 학생들의 점수를 변별하기 위한 어려운 문제는 어떻게 출제하는지에 대한 정보를 얻을 수 있다. 다음 시험을 대비하기 위한 굉장히 좋은 자료이다. 선생님의 출제 패턴을 분석하면 그에 맞게 강약 조절을 하며 공부를 할 수 있다.

구체적 사례를 살펴보자. 영어시험의 경우 선생님께서 지문을 분석할 때 추가적으로 필기하라고 강조했던 부분에서 서술형 문제가 많이 나온다거나 혹은 형광펜으로 칠하라는 문장에서 영작 문제가 나왔다는 분석을 할 수 있다. 이를 알게 되면 되면 영어 내신 공부할 때 지문의 모든 문장들을 공부하기보다는 어느 부분에 더 초점을 맞춰야 할지, 강약을 조절해서 더욱 효율적으로 공부할 수 있다. 수학의 경우 대단원 평가에서 똑같은 유형이 7문제나 나왔다. 물론 어려운 문제는 아니었기에 혼자서 풀 수는 있지만 직전에 몇 번 교과서의 문제를 풀고 시험지에서 그 문제를 마주했을 때와 예전에 한 번 본 게 전부였던 문제를 풀 때의 자신감과 속도는 차이가 난다.

다음은 실제로 경험한 이야기다. 고등학교 1학년 통합과학시험에서 중요한 정보가 아니라고 생각한 숫자가 보기 문항으로 나왔었다. 행성과 관련된 단원이었는데, 비슷한 숫자가 교과서의 한 줄에 있었던 것은 기억이 났지만 그 숫자가 정확하게 '100배'인지 '1000배'인지 헷갈려 시험지에서 숫자를 마주한 순간 매우 당황했었다. 선생님께서도 수업 때 한 번 읽고만 넘어간 부분이어서 더더욱 나올 거라고 예상하지 못했다.

그 이후로 통합과학시험을 준비할 때에는 선생님께서 강조한 부분이 아니어도 지엽적인 내용까지 전부 암기했고, 덕분에 좋은 성적을 받을 수 있었다. 심지어는 모르는 문제를 찍을 때에도 도움이 된다! 선생님이 객관식 문제 20개에서 각각 1, 2, 3, 4, 5번이 답인 문제가 4개씩 균일하게 나오도록 문제를 내는 스타일이라면 이 또한 참고하자. 찍더라도 똑똑하게 찍을 수 있다.

흔히 하는 실수의 패턴

시험에서 하기 쉬운 실수의 패턴에는 다음과 같은 것들이 있다.

첫째, 발문의 '옳은/옳지 않은'을 잘못 읽는다. 발문을 제대로 읽지 않은 채로 선지 두 개 정도만 확인하고 섣부르게 답을 적는 경우다. 이 실수를 방지하기 위한 대비 방법은 두 가지 정도가 있다. 매번 발문의 '옳은'에는 동그라미, '옳지 않은'에는 세모 표시를 해서 다시 한 번 제대로 읽게끔 강조하는 방법이 있고, 항상 모든 선지를 확인하는 방법이 있다. 빡빡한 시간 때문에 빠르게 푸는 게 중요하다고 생각할 수 있지만 정확하게 풀지 못한다면 오답만 빨리 생산하는 결과가 될 수도 있다.

둘째, 발문의 조건을 놓친다. 한국어 해석의 실수로 발문이 긴 문제를 잘못 푸는 학생들이 많다. 특히 하나의 문장이 길 때 해석이 어렵다는 친구들이 있다. 이럴 때는 주어와 목적어, 서술어를 제대로 끊어가며 해석하자. 'A가 B보다 ~하다', 'A보다 B가 ~하다'와 같은 비교문에서 특히 실수가 자주 일어난다. 주어와 서술어에 동그라미를 치면서 읽으면 실수를 줄일 수 있다.

수학 과목이라면 '단, ~'과 같은 조건이나 '양수 A'와 같이 발문에 있는 조건을 제대로 읽지 않아 실수하기 쉽다. 수학 외의 과목에서도 '~에 대한 것을 찬성의 입장에서 말할 수 있는 것으로 맞는 것' 혹은 '반대의 입장에서~'와 같은 발문을 잘못 이해하는 경우가 있다. 내 입장을 기준으로 고르는 것이 아니라 문제가 제시한 조건을 잘 따지고 풀어야 하는 문제다. 선지에서 '모든', '적어도', '일부'를 놓치고 읽는 경우도 여기에 해당한다. 예시로 수학문제에서 '~인 직선과 수직인 직선의 방정식을 구하시오'와 같이 문장이 긴 문제에서 실수가 자주 발생한다.

셋째, 풀이를 쓰는 과정에서 내 글씨를 잘못 알아본다. 내가 쓴 글씨도 못 알아보다니, 어이없는 소리처럼 들리지만 특히 수학 시험에서 자주 일어나는 실수다. 푸는 방법은 정확했지만 풀이가 길 경우에 내 풀이를 쓰는 과정에서 숫자를 잘못 알아본다거나 마이너스를 제대로 쓰지 않아서 틀리는 경우가 있다. 이 또한 빠르게 풀어야 한다는 강박에 의한 실수인데, 침착하게 글씨를 또박또박 쓰는 연습을 하자.

구체적으로 대비할 수 있는 방법으로는 문제집 자체에 풀이를 깔끔히 쓰는 연습을 하는 것이 있다. 이면지나 줄글노트를 활용해서 풀이 쓰는 연습을 해도 되지만 실제로 시험을 볼 때는 이면지나 노트를 제공하지 않는다는 것을 인식하자. 연습 때부터 실전이라고 생각하고 주어진 좁은 부분에 풀이를 빠르고 정확하게 적는 연습을 하는 게 가장 좋다.

넷째, OMR 카드와 시험지에 다른 답을 표기한 경우다. 가장 안타까운 실수 중 하나다. 만약 밀려 쓰기라도 했다면 더더욱 안타깝다. OMR 표기에서 실수가 일어나는 이유는 시간이 촉박할 때인 경우가 많다. 나에게 이런 실수가 없을 것이라는 확신은 하지 말자. 굉장히 치명적인 실수이기 때문에 더더욱 대비를 잘 해야 한다.

시험 끝나기 최소 5분 전에는 남은 문제가 있더라도 문제 풀기를 중단하고 OMR 카드에 답을 표기하자. 또한 1번부터 차례로 마킹했다면 확인할 때는 끝 번호부터 답안지와 시험지를 비교해보는 게 좋겠다. 같은 방식으로 처음부터 검토하는 것은 의미가 없다. 처음에 잘못 봤다면, 다음에도 똑같은 방식으로 잘못 볼 확률이 높기 때문이다. 반드시 꼭 처음과는 다른 방법으로 검토하자.

아니면 중간 중간 OMR 카드에 답을 표기하면서 푸는 방법도 있다. 실제로 나는 45문항의 국어 모의고사나 수능시험을 치를 때, 대략 15문제를 풀 때마다 지금까지 푼 문제들을 OMR 카드에 표기하고 풀었다. 수학 내신 시험에서는 서술형 풀이를 쓰는 데에 시간이 많이 걸렸기 때문에 시험지에 풀지 않고 처음부터 OMR 카드에 풀이를 적었다.

다섯째, 배운 내용 외의 주관을 포함시켜서 문제를 푸는 경우다. 주로 '이러니까 이게 맞을거야'하는 식으로 추측으로 문제를 푸는 경우다. 평소에는 아니라고 확실하게 넘어가다가도 시험만 되면 괜히 내 주관이 맞는 것 같다고 착각해서 오답을 고르게 될 수 있다. 이는 실수라고 분류하기에는 애매하지만 모든 과목의 문제를 풀 때 해당하는 말이다. 자신이 배운 것을 기반으로 충분히 연결될 수 있을 것 같다고 생각되는 선지보다는 실제로 수업 때 배웠던 내용, 글로 읽었던 내용을 고르자. 국어 문제에서 두 선지가 헷갈릴 때 하나는 수업 시간에 배웠던 내용이고 하나는 충분히 가능할 것 같은 선지라면 무조건 전자의 선지를 골라야 한다.

시험에서 저지른 실수를 분석하고 그에 대한 대책을 마련하자. 실수의 원인을 알아낸 것만으로도 해결의 절반이다. 일단 원인을 이해하고 나면 시험을 볼 때만이 아니라 시험대비 공부를 할 때부터 실수하지 않도록 신경 쓸 수 있게 된다.

그 외에도 틀린 문제들을 분석해라. 틀린 문제뿐 아니라 찍은 문제, 고민한 문제, 혹은 맞았더라도 시간이 오래 걸린 문제들을 분석하라. 어찌 되었던 이번에 시험을 잘 봤으면 시험지 분석은 안 해도 되는 것일까? 시험을 잘 봤다면 좋은 일이지만 그렇다고 다음 시험 또한 잘 볼 거라는 보장은 없다. 중간고사를 잘 봤든 못 봤든 다음 기말고사를 잘 봐야 한다는 사실은 변하지 않는다. 고등학교 3학년 때에는 수능을 출제하는 평가원에서 6월, 9월 두 번에 걸쳐 모의고사를 실시한다. 이때, 6월 달에는 좋은 성적을 내다가도 9월 달에는 망치는 경우가 허다하다.

자만으로 인한 나태와 잘해야 한다는 압박감 사이에서 밸런스를 유지하며 공부를 한다면 더 말할 나위 없이 좋겠지만 둘 중 그나마 나은 것은 압박감이다. 한 번의 좋은 성적으로 마음속에 스며드는 자만심을 경계하고 나태해지지 않도록 유의하자.

의대생TV 대표가 엄선한
〈의대생TV〉 추천 영상

• QR코드를 찍으면 유튜브 보기로 갑니다.

 공부자극 의대생 VLOG : 하루 4시
간 자고 지옥 같은 시험 기간 2주
살아남기

 의대생의 하루 VLOG : 일어나서
잠들 때까지 의대생 밀착 체험

'공부자극 의대생 브이로그(VLOG)'는 〈의대생TV〉 채널에서
가장 인기 있는 영상입니다. 이 영상들은 주로 의대생이 공
부를 얼마나 하는지, 의대생들은 어떻게 힘든 의대 생활을
버텨나가는지에 대한 모습을 담았습니다. 이 영상을 보시고

많은 분들께서 공부자극을 받는다고 합니다. 가장 기억에 남았던 댓글이 '와, 이러다가 의대생이 환자 되겠네'였습니다. 그만큼 죽도록 공부한다는 것이죠. 공부하다가 지칠 때 저희 '공부자극 의대생 브이로그(VLOG)' 영상을 보시면 재충전하는 데 도움이 될 것이라고 생각합니다.

 내신 1.02 전교 1등의 치열한 24시간

 [공부자극] 노력파 전교 1등의 8가지 공부 마음가짐!(슬럼프, 스트레스 제로!)

성적을 올리기로 결심했다면 '전교 1등의 치열한 24시간' 영상을 강력 추천합니다. 1분 1초도 허투루 보내지 않기 위한 자투리 시간 활용팁이 담긴 이 영상을 보는 것만으로도 아마 정신이 번쩍 들 것입니다. '전교 1등의 마음가짐'은 전교 1등은 어떤 마인드로 공부했는지 엿볼 수 있는 알짜배기 영상입니다. 누구보다 독하지만 행복하게 공부할 수 있었던 비법이 이 안에 있습니다. 마음을 울리는 말들로 가득한 이 영상을 독자들이 꼭 봤으면 좋겠습니다.

의대생들은 어떻게 공부하길래?!
본과생들의 필기 노트 ★대공개★

실제 의대생들은 어떻게 공부하는지 궁금해하는 분들이 많습니다. 의대생들이 직접 필기했던 모습들, 그리고 어떻게 필기하는지 그 팁들을 영상으로 담아봤습니다.

0.01% 의대생의 학창 시절, 그 치열했던 순간들 : 1등을 지키려고 '이렇게'까지 했습니다.

이 영상은 상위 0.01% 성적을 받아본 의대생들이 학창 시절에 얼마나, 또 어떻게까지 공부를 하면서 1등을 지켜냈는지를 담아냈습니다. 단순히 하루에 몇 시간 공부했다가 아닌, '텔레비전 소리가 시끄러워서 텔레비전 선을 잘랐다', '학교 야자실이 답답해서 도망가고 대학교 도서관을 갔다' 등 에피소드가 들어 있습니다. 재밌게 보면서 공부 관련 꿀팁들도 엿볼 수 있습니다.

(Eng) 세계 최초 의대 생활 비교
VLOG

의대에 관심이 있는 수험생들은 의대 6년 생활이 어떤지 궁금해합니다. '세계 최초 의대 생활 비교'는 한국 의대생과 해외 의대생의 하루를 비교해보는 영상입니다. 해외 의대에 관해서 물어보시는 분들이 많은데, 이 영상을 보고 해외 의대에 대한 정보를 얻을 수 있을 것입니다.

의대생은 공부할 때 어떤 앱을
쓸까?

의대생들은 아이패드 혹은 갤럭시탭이 거의 공부 필수품이 되었습니다. 태블릿 PC로 공부를 할 때 어떤 앱을 이용하면 효율적으로, 또 빠뜨리지 않고 공부를 할 수 있는지 추천해 주는 영상입니다.

 아주 현실적인 1등급 받는 국어공부법

몇 년간 시행착오를 거쳐 마침내 깨달은 성적이 확 오르는 수능 국어 영역별 공부법을 다룬 영상입니다. 국어 공부를 위한 아주 세세한 가이드라인을 제시해 줍니다. '이 영상을 조금만 더 일찍 봤더라면!'이라는 생각이 들 정도로 국어 공부가 막막한 사람에게 한 줄기 빛과 같은 영상이 될 것입니다.

 [재수&기숙학원] 재수를 고민한다면 반드시 보세요. 올 1등급 의대 재수생들의 실제 기숙학원 경험썰! 생각보다 기숙학원 꿀잼인데?!

재수 혹은 기숙학원은 경험해보지 않으면 모릅니다. 또 중요한 재수 기간을 잘못된 선택으로 흘려버리면 그 타격이 상당히 큽니다. 그래서 실제로 재수를 한 의대생들이 재수 혹은 기숙학원에 대해서 이야기 나누는 영상을 재미있게 담아봤습니다. 기숙학원을 선택할 때 고려할 요소들을 엿볼 수 있어서 재수생에게 특히 도움이 될 영상입니다.

 올 1등급 의대생 수능성적표 공개+
수능 전 과목 공부법 총정리!!

진세령 님은 재수를 해서 올 1등급을 받았습니다. 실제 올 1
등급 성적표를 공개하고, 또 각 과목별로 어떻게 공부를 해
야 하는지를 담았기에 전체적인 공부법을 잡는 데 좋습니다.

 전교 1등 출신 의대생 공부법 1편 :
플래너 활용법, 시험 피드백, 계획
세우기

 전교 1등 의대생 공부법 2편 영어내
신!! : 암기법, 수업, 문제, 효율적으
로 공부하기

김나현 님은 고등학교 때 전교 1등을 할 정도로 꼼꼼하고
성실하게 공부했습니다. 꼼꼼함의 비결은 바로 스터디 플래
너 활용입니다. 실제로 어떻게 플래너를 활용했는지 잘 보
여줍니다. 또한 영어 내신은 구체적으로 어떻게 준비했는지
꿀팁을 공개합니다.

5분만 투자하세요! 의대생의 수능 직전 EBS 활용법 완벽 요약!

수능을 준비하는 데 있어서 EBS 책들은 항상 중요하죠. 하지만 수능이 임박했을 때는 시간이 부족한 경우가 많습니다. 수능 직전 필수로 봐야 하는 EBS 활용법을 소개합니다.

의대생들은 수능 직전 '이것'을 한다! 의대 가는 법 대공개!

의대 합격생들은 수능 직전에 어떤 공부를 했을지 궁금하신 분이 많았습니다. 수능 직전에는 어떤 공부를 하고, 그 자료는 어떻게 준비했는지 실제 〈의대생TV〉 출연자들의 고등학교 3학년 시절에 했던 필기 자료를 들고 와봤습니다.

의대생 추천!
점수를 올리는 교재들

① 국어

개념서

국어를 시작할 때, 〈국어의 기술〉 시리즈를 통해 지문 분석과 선지 분석을 할 수 있는 힘을 기를 수 있습니다. 단계별로 책이 구성되어 있어 고등학교 1학년 때부터 천천히 국어공부를 시작하기에 매우 좋습니다. 또한 거의 평가원 기출문제를 베이스로 한 책이라 시험에 더 도움이 됩니다.

진세령 충남의대 17학번(본과 1)

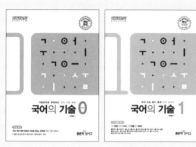

국어의 기술 0 (좋은책신사고)　국어의 기술 1 (좋은책신사고)　국어의 기술 2 (좋은책신사고)　국어의 기술 외전 : 결국은 어　국어의 기술 외전 : 독해력 강
휘력 (좋은책신사고)　　화 도구 3가지 (좋은책신사고)

모의고사 · 기출문제집

혼자서 기출 공부를 할 수 있는 수능 국어 문제집으로 〈마르
고 닳도록〉 시리즈를 추천합니다. 문항별 시간 분배, 출제자
관점에서 답 고르기, 자세한 보기 설명 및 근거 등 실제 수능
시험에 대비하는 법을 익힐 수 있습니다. 특히, 수험생활 멘
탈 관리에 있어서 많은 조언이 들어 있으므로 여러 번 읽어
보고 러닝메이트처럼 공부하는 걸 추천합니다.

최형준 충북의대 16학번(본과 2)

마르고 닳도록 2020학년도　마르고 닳도록 2020학년도　마르고 닳도록 2020학년도
수능 대비 문제집 I (마닳)　수능 대비 문제집 II (마닳)　수능 대비 문제집 III (마닳)

〈매3 매일〉 시리즈는 말 그대로 '매일 3개씩 푸는'이라는 뜻입니다. 하루를 시작하기에 앞서 책상에 앉아서 풀다 보면 국어 시험 시험장 분위기도 낼 수 있고, 가볍게 두뇌 회전하면서 아침을 시작할 수 있습니다. 또 아침에 신문을 읽는 느낌으로 여러 가지 새로운 지식을 얻을 수 있는 것도 장점인 교재입니다.

정준식 인제의대 15학번(본과 2)

매3문 : 매일 지문 3개씩 푸는 문학 수능 기출 (키출판사)

매3문법 : 매일 개념 3개씩 공부하는 문법 기출 (키출판사)

매3화법과작문 : 매일 3단계로 훈련하는 화법과 작문 수능 기출 (키출판사)

② 수학

개념서

수학 개념을 공부할 수 있는 책으로 〈개념 SSEN 쎈〉 시리즈를 추천합니다. 잘 알려져 있듯이 〈수학의 정석〉 등 최근 출

제되는 수능 내용과는 많이 동떨어진 교재보다는 훨씬 정리
가 잘 되어 있습니다.

진세령 충남의대 17학번(본과 1)

개념 SSEN 쎈 고등 수학 상　개념 SSEN 쎈 고등 수학 하　개념 SSEN 쎈 기하　　개념 SSEN 쎈 미적분　　개념 SSEN 쎈 확률과 통계
(좋은책신사고)　　　　　(좋은책신사고)　　　　　(좋은책신사고)　　　　(좋은책신사고)　　　　(좋은책신사고)

〈개념원리〉는 제목 그대로 개념을 위한 책이에요. 수학을 잘
하기 위해서는 문제를 많이 푸는 것도 중요하지만, 그보다
선행되어야 하는 것은 개념잡기인데요. 〈개념원리〉는 처음
개념을 잡기 좋고, 문제 또한 어렵지 않게 구성되어 있어서
이해하기 쉽습니다. 특히 고학년 수학을 선행 학습할 때 추
천합니다. 저 또한 실제로 수학 과외를 할 때 〈개념원리〉를
활용한 적이 많았습니다.

박동호 울산의대 13학번(본과 4)

개념원리 고등 수학 상
(개념원리수학연구소)

개념원리 고등 수학 하
(개념원리수학연구소)

개념원리 RPM 문제기본서 고
등수학 수학 상
(개념원리수학연구소)

개념원리 RPM 문제기본서 고
등수학 수학 하
(개념원리수학연구소)

모의고사 · 기출문제집

수학에서 가장 중요한 것은 배운 개념을 가지고 어디까지
심화로 이끌어 낼 수 있는가라고 생각합니다. 저는 개인적으
로 〈일품〉과 〈블랙라벨〉을 선택하여 공부했습니다. 하지만
수학은 문제집마다 크게 다르지 않으니 시중의 다른 문제집
들을 모두 사서 풀어보는 것도 좋다고 생각합니다.

장지호 한양의대 16학번(본과 2)

일품 고등 수학 상
(좋은책신사고)

블랙라벨 수학 상
(진학사-블랙박스)

자이스토리 고3 수학 1
(수경출판사)

③ 과학탐구

개념서

저는 공부할 때 교과서, 하이탑, 누드교
과서 세 가지 개념서를 봤습니다. 그 중
가장 좋다고 생각하는 교재는 〈누드교
과서〉입니다. 개념 정리로는 과학탐구
과목 중 최고의 교재 같습니다. 너무 지

누드 교과서 화학 I
(이투스교육)

엽적인 내용을 다루지 않고, 필요한 개
념만 잘 설명되어 있습니다.

진세령 충남의대 17학번(본과 1)

〈완자〉는 개념 정리가 가장 많이 잘 되
어 있어서 중학교 때부터 과학 공부는
이 교재로 시작하여 공부하였습니다.

장지호 한양의대 16학번(본과 2)

완자 자율학습시 비상구 완자로
53 (비상교육)

과학이 어렵거나, 특히 개념 잡기가 어렵다면 〈우공비〉를 추
천해드립니다. 기본적인 문제들과 적당한 난이도의 문제들
이 많아서 기초를 공부하는 데 좋습니다. 물론 〈우공비〉만으

로는 부족하고, 다른 책으로 심화 및 기출문제들도 풀어야 합니다. 〈수능특강〉은 EBS이므로 당연히 풀어야 합니다. 양이 많은 편은 아니라서 가볍게 전체적으로 정리하는 마음으로 풀면 좋습니다.

박동호 울산의대 13학번(본과 4)

우공비 화학 I (좋은책신사고) EBS 수능특강 화학 I
(한국교육방송공사)

모의고사 · 기출문제집

〈자이스토리〉는 모르면 간첩인 책이에요. 모든 과목에서 빼놓을 수 없는 문제집입니다. 예전부터 최근까지 기출문제를 단원별로 수록해놓은 책으로, 수능을 준비할 때 꼭 풀기를 추천합니다. 단원별로 묶어놨기 때문에 수능의 출제 경향을 알 수 있고 실전 감각을 가장 잘 익힐 수 있는 교재입니다.

박동호 울산의대 13학번(본과 4)

자이스토리 화학 II
(수경출판사)

④ 그 외 추천 도서

일간지 신문을 구독하며 초등학교 6학년 때부터 고등학교 3
학년까지 아침 30분, 저녁 30분 매일 읽었던 습관이 큰 도움
이 됐습니다. 풍부한 지식을 갖게 해줄 뿐만 아니라, 비문학
지문을 이해하는 데도 도움이 됩니다.《대한민국 건강 불평
등 보고서》는 시장에서든, 정책에서든, 사회를 향한 의료인
들의 관심이 얼마나 중요한 것인지 깨닫게 된 책입니다. 의
대생으로서 '우리나라는 과연 의료 선진국일까?'에 대해 생
각해 볼 수도 있었습니다.《영혼을 위한 닭고기 수프》는 너
무나도 따뜻하고 아름다운 책입니다. 읽다보면 '나도 이들처
럼 선한 사람으로 성장해야지'라는 생각이 저절로 듭니다.
정말 어릴 때 이 책을 처음 읽었는데, 추후 자녀들의 초등학
교 입학 선물로 추천해주고 싶은 책입니다.《나는 고백한다
현대의학을》은 외과의사의 일상과 경험을 담은 책입니다.
의료인의 생각과 일상을 엿볼 수 있어서 즐거웠습니다.

장지호 한양의대 16학번(본과 2)

대한민국 건강 불평등 보고서
(나눔의 집)

영혼을 위한 닭고기 수프
(푸른숲)

나는 고백한다 현대의학
을 (동녘사이언스)

《가난하다고 꿈조차 가난할 수는 없다》는 '노력 없는 결실은 없다', '잘 할 수 있는 모든 방법을 다 생각하고 동원해서 인생을 대비하라'는 메시지가 담긴 책입니다. 초등학생 때부터 읽었던 책인데요. 꾸밈없이 솔직하게 본인의 노력을 하나하나 다 보여주는 책이어서 동기부여가 필요할 때마다 읽었습니다. 노력이 배신하지 않는다는 걸 보여주는 책이기도 하죠. 대학교 입시원서를 쓸 때 이 책의 독후감을 제출했습니다.

《숨결이 바람 될 때》는 의대가 목표인 친구들이나 의대생인 친구들에게 선물하고 싶은 소중한 책입니다. 암환자이면서 의사인 그가 의사로서, 그리고 환자로서 사랑과 이별을 준비하는 날들을 담담하게 적어내린 책인데요. 죽음과 아픔을 매일 마주하는 업이 얼마나 무거운 일인지, 그리고 환자들과 더불어 삶과 죽음을 함께하는 이 업이 얼마나 소중한지, 다시 한번 의사라는 직업이 값진 직업이란 걸 알려주는 책이어서 이 길이 내 길인가 망설이는 친구들에게 추천해주고 싶어요.

송지현 오타고의대 15학번(본과 3)

가난하다고 꿈조차 가난할   숨결이 바람 될 때
수는 없다 (사회평론)   (흐름출판)

의대생이 알려주는
자소서 작성법과
수시 합격 팁

최형준
충북대 의대 16학번(본과 2)

자기소개서는 어떻게 작성하면 좋나요?

자기소개서, 포트폴리오는 처음 보는 사람에게 내가 이제껏 무엇을 해왔는지 한눈에 보여주면서 깊은 인상을 남기는 것이 목적입니다. 특히 짧은 순간에 눈길을 끌기 좋은 방법은 흥미로운 스토리를 넣는 것입니다. 아무리 대단한 스펙이라도 달랑 결과만 있으면 쟁쟁한 경쟁자 사이에서 기억에 오래 남지 못하는 법이죠.

그럼 흥미로운 스토리는 어떻게 구할까요? 자기만의 스토리를 찾기 위해선 일단 내가 무엇을 해왔는지 시간 순서대로 정리해 보세요. 잘 기억이 나지 않는다면 학교 생활기록부를 봐도 좋고 날짜별로 나누어진 휴대폰 사진첩을 찾아보세요. 이때 중요한 것은 당시엔 무심코 지나갔던 일들을 다시 살펴보면서 나름의 의미가 있었던 일인지 생각하면서 확인해야 합니다.

그렇게 자신이 한 일들을 정리했다면 내가 왜 이 대회에 참가했는지, 왜 상을 탈 수 있었는지 등을 되짚어 보세요. 이제껏 해온 경로가 명확하다면 좋겠지만 만약 뒤죽박죽 연관이 없어 보인다면 자신이 아직 배우는 단계인 학생이라는 점을 이용해서 나름 의미 부여를 더해도 좋습니다. 예를 들어 의대 지망생이 고등학교 1학년 때는 서울공대캠프, 2학년 때 교내 생물경시대회, 3학년 때는 의과학캠프에 참가했다고 합시다. 공대와 의학이랑은 큰 연관이 없어 보이지만 이렇게 의미 부여를 할 수 있습니다.

"저는 어렸을 때부터 공대에 관심이 있다고 생각해 1학년 때 공대캠프에 참가했습니다. 하지만 공학은 이제껏 제가 학교에서 배운 과학과는 다르며 광범위한 학문임을 깨달았습니다. 대신 캠프 기간 당시에 새로 접했던 바이오 쪽에 흥미가 생기게 되었고 마침 학교에서 진행한 교내생명과학 대회를 기회삼아 공부해 보았습니다. 이후 국립과천과학관(실제로 많은 캠프를 진행하니 참고하시면 좋을 것 같습니다)에서 의과학캠프를 진행한다는 것을 알게 돼 참여하였고 그곳에서 만난 의대 교수님들과 대화를 나누며 의학에 대한 꿈을 키우게 되었습니다."

물론 위 사례는 간략하게 소개한 것이고 이 사이 사이에 구체적인 설명, 예를 들어 생명과학 경시대회를 준비하면서 제한효소를 이용한 유전자재조합에 관심이 생겼고 의과학캠프에서 관련 실험을 진행했다든가 하는 내용들을 덧붙이면 더 좋습니다.

이렇게 스토리의 큰 틀을 잡았다면 마지막으로 지원하는 학교의 비전이나 지원학과가 어떤 분야에 강한지 홈페이지, 뉴스 등을 조사해 자신과 부합하는 부분을 더 부각하여 표현하면 좋습니다.

이보다 더 현란한 자기소개 기술도 있겠지만 입시를 준비하는 학생들이 너무 과하게 기술을 부린 모습은 오히려 입학사정관에게 스스로 자기소개서를 작성하지 않고 누군가 봐준 듯한 인상을 줄 수 있습니다. 고등학교에서 의대 입시를 준비하는 학생들에겐 위에서 설명한 정도로만 충실하게 작성해서 어필할 것을 권유합니다.

수시 전형에서 합격하는 비법이 있나요?

한 가지 팁만 꼽으라고 한다면 '지원학과에 철저한 조사와 관심을 보여라'고 말하고 싶습니다. 어떤 학교, 어떤 학과든

지원서를 채점하는 면접관은 밤새 수많은 학생들의 서류를 검토합니다. 그들도 사람이기 때문에 자기 학교, 학과에 예측 가능한 정도의 비슷한 관심을 가진 지원서에 큰 관심을 갖기 어려울 것입니다. 아직도 훌륭한 스펙만으로 눈길을 끌어 뽑힐 거라고 기대하는 수시러는 없겠지요?

채점자도 처음 보는 학과 뉴스를 가져와 자기 스토리와 결부시키는 학생이 기억에 강하게 남고 '이 학생은 이 정도로 우리에게 관심이 있구나'를 어필할 수 있겠죠. 예를 들어 ○○의대의 모교수를 중심으로 한 ○○항암치료연구팀이 성과를 냈다는 뉴스를 찾았으면 관련 논문을 조사해서 '제가 이 학교에 들어간다면 본과 1학년 때 생리학 수업을 열심히 듣고 ○○연구팀에 합류하여 타겟형 항암치료제 개발에 이바지하고 싶습니다'와 같은 소개를 할 수 있을 것입니다. 위 방법은 서울대 경영학과에 다니는 모교 선배님에게서 받은 꿀팁이기도 하니 잘 활용하시길 바라겠습니다.

후배들에게 해주고 싶은 조언이 있다면?

고등학교 때를 돌이켜보면 정말 치열하게 살았던 것 같습니다. 2등급이 하나라도 뜨면 크게 낙심하고 분초 단위로 시간을 쪼개 공부하는 완벽주의자에 가까웠습니다. 대학에 지원할 때도 눈을 조금 낮춰보는 게 어떠냐는 조언에 기분이 몹시 상할 만큼 뭐 하나 내려놓기 싫어하는 학생이었죠.

하지만 지금 돌이켜보면 행복은 성적순이 아닌 것 같습니다. 물론 목표가 있으면 치열하게 준비하는 것은 좋지만 어디까지나 그것이 여러분의 전부가 되어선 안 된다고 생각합니다. 여러분은 좋은 대학, 좋은 의대를 가는 것이 목표가 아니라 대학이라는 환경을 발판 삼아 더 넓은 무대에서 활약할 사람, 존경받는 의사가 될 것입니다.

저는 최선은 다하되 대학이 전부가 아니라는 여유로운 마음을 항상 가지라고 여러분들에게 전하고 싶습니다. 현실적으로도 입시가 전부인 듯 목숨 걸면 나중에 면접 때는 더 떨리기 마련입니다. 입시의 키를 쥐고 있는 사람들도 여유롭고 원대한 목표를 갖고 있는 사람에게 더 끌리는 법이랍니다.

지원 동기와 대학 입학 후 학업계획, 향후 진로계획에 대해 기술해 주시기 바랍니다(1,000자 이내).

저는 항상 인류에 큰 도움이 될 꿈을 가졌고 현재는 에볼라, 메르스같이 우리나라를 위협하는 전염병을 예방 및 정복하는 의학자가 꿈입니다. 원래는 NASA와 공학에 꿈을 가졌으나, 공학에서 수요가 적은 질병 소수자에 대한 연구를 더 하고 싶었습니다. 왜냐하면 과학은 결국 사람이 목적이기에 '환자의 건강과 생명을 첫째로 생각하겠노라'는 히포크라테스 선서와 같이 제가 의사가 되어 저의 재능을 직접 적용할 뿐만 아니라 연구를 통해 소외된 이들을 포함한 더 많은 사람에게 도움을 주고 싶었기 때문입니다.

실제로 학교에서 이하선염에 걸려 격리되면서 당장 환자치료도 중요하지만, 이후에 친구들이 감염되지 않는 것이 더 중요한 일임을 느꼈습니다. 그 후로 질병 예방이 근본적이고 최우선적인 과제라고 생각했고, 과천과학관의 생명과학 캠프를 통해 예방의학이 경제적, 사회적 격차를 넘어 도움을 준다는 점에 깊은 인상을 받아 관련 도서 등을 읽으며 공부했습니다. 특히 큰 병이 생기면 수도권으로 올라가는 사람들을 보며 지역을 지키는 예방의학자가 되기로 희망했고, 우리 지역을 MERS 청정 지역으로 유지한 충북대병원은 의사를 믿고 치료를 맡길 수 있는 곳이었

습니다. MEDRIC를 비롯한 의료 정보·인프라를 갖추고 보건의료 분야

가 발달한 충북대학교 의과대학은 의학을 연구함에 있어 저에겐 중요

한 기회이며, 이곳에서 진리와 미래를 추구하는 '의학자'인 동시에 건

강 불평등을 해소해 정의를 갖춘 '전문의'가 되고자 지원했습니다.

입학 후에는 의학에 대한 정확한 지식을 갖추기 위해 교과 학업을 최우

선시할 것이며 앞으로의 학문연구를 위한 외국어, 통계 공부와 독서를

통해 기본 교양을 쌓아갈 계획입니다. 특히 지역사회 의학 및 예방의

학 Ⅲ, Ⅳ을 배우고 의학과 사회 전반의 올바른 이해를 갖추겠습니다.

실력을 쌓은 후 충북대병원과 오송생명과학단지에서 직접 임상자료들을

접하며 지역 보건 상태에 대해 연구하고, 또한 대한예방의학회의 중심

이 되어 우리나라가 체계적 예방시스템을 갖춘 전염병 대응 모범 국가

가 되도록 노력할 것입니다.

(충북의대 자기소개서 일부 내용 발췌)

'의대생 밀착체험' 유튜브 109만 뷰 주인공의 공부법

박소리
경희대 의대 17학번(본과 1)

'의대생의 하루 브이로그'가 100만 건이 넘는 조회 수를 기록했는데, 이런 공부자극 영상에 사람들이 호응하는 이유는 무엇이라고 생각하는지?

공부를 열심히 하고 싶지만 개인적인 사정이든, 의지가 부족해서든 마음대로 되지 않는 사람들이 많습니다. 반드시 공부가 아니더라도, 꿈을 향해 열심히 노력하는 모습을 보면서 시청자들이 자신의 꿈을 대리 실현하는 느낌을 받을 수 있다고 생각합니다. 그리고 공부를 열심히 하는 모습을 시청하면서 공부하는 습관이나 팁을 얻어 갈 수 있는 것도 공부자극 영상의 매력이라고 봅니다.

본인만의 특별한 공부법이 있나요?

다른 과목에 밀려 공부를 덜 하게 되는 과목들은 특정 시간에 공부하려고 노력했어요. 예를 들어, 항상 잠자기 전 2시간 동안은 생화학을 공부했습니다. 시간대를 정해서 공부를 하니 복습 속도도 비교할 수 있고 꾸준히 공부할 수 있어서 좋았고요. 과목들 간에 공부량의 불균형이 생기지 않아서 효과적이었습니다.

의대 공부는 힘들지 않나요?

의대에 입학하기 전부터 의대생 공부량이 굉장히 많고 스트레스도 심하다는 말을 많이 들어서 마음속으로 준비는 하고 있었는데 상상 이상이었습니다. 일단 수업량이 정말 많아요. 중간고사 범위가 파워포인트 슬라이드로 5,000개인데요. 그 양을 다 보는 것은 현실적으로 불가능하고 요약본이나 족보에 의존하게 돼요. 특히 실습이 있는 날에는 저녁 6시까지 실습을 하고 저녁 먹고 다시 학교에 와서 복습하다 보니 체력적으로 부담이 되더라구요.

시험 기간인 4주 동안에는 공부만 하려니 정말 죽을 맛이었어요. 일주일 동안 매일 시험을 봤는데 밤을 거의 새다시피

하면서 버티기만 하면 된다는 생각으로 꾸역꾸역 공부했습니다. 일주일 동안 잠을 제대로 못 자기 때문에 시험 끝난 날은 하루 종일 잠만 잤습니다. 하지만 시험 기간이 아닌 4주는 생각보다 괜찮았어요. 수업이 끝난 후에 복습할 때도 있었지만 영화도 보고 축제도 보러 다니고 했고요. 그래서 4주 텀으로 천국과 지옥을 왔다갔다하는 느낌이었죠.

스트레스는 어떻게 푸세요?

저희 학교는 4주 휴식, 4주 시험공부 체제라, 앞에 4주 동안 다양한 여가생활을 보내려고 노력했습니다. 과내 배드민턴 소모임을 통해 일주일에 한 번씩 선후배들과 체육관에 모여서 자유롭게 운동했습니다. 스트레스도 풀고 체력도 기를 겸 나갔어요. 칠 때마다 조금씩 실력이 늘면서 성취감도 맛볼 수 있었어요.

시험 기간이 얼마 남지 않았을 때는 오후 11시 반쯤 동기들과 커피를 사러 나가 학교를 산책하며 수다를 떨었고요. 혼자서도 학교 산책을 많이 했습니다. 아무래도 시험 기간에 생각이 많아지기 때문에 환기를 시킬 겸 간식을 먹으며 아무도 없는 학교를 많이 돌아다녔어요. 그러면서 마음을 정리한 후 다시 공부하면 집중이 더 잘 되더라구요.

2장

전 과목 고득점의 비밀,
스터디 플래너

01
모든 과목을
잘하고 싶다면

자기주도학습의 지표

나는 내가 공부를 가르치는 학생들에게 가끔 스터디 플래너를 선물하곤 한다. 계획적인 공부의 중요성을 이야기하면서 시험 대비를 위해 플래너를 활용하는 방법을 설명하지만 플래너의 중요성을 아무리 강조해도 귀담아 듣지 않는 학생들도 많다. 이 책을 통해 그때 미처 다 말하지 못했던, 스터디 플래너가 가지고 있는 엄청난 힘과 활용법을 상세히 알려주고자 한다.

고등학생 시절, 동네의 작은 수학학원만 다닌 나는 특목고 진학에 실패하고 경기도 소재의 평준화 일반고를 다녔지만 다섯 곳의

▲ 절실함×노력=천하무적. 스터디 플래너 앞에 항상 나에게 힘이 되는 글귀를 적어 놓았다.

의대에 합격했다. 그 비결을 궁금해 하는 사람이 많지만 역시 가장 큰 역할을 했던 것은 스터디 플래너였다고 확신한다.

자기주도학습은 반드시 스터디 플래너 작성과 병행해야 한다. 스터디 플래너를 활용하는 학생과 그렇지 않은 학생의 공부 습관은 현저한 차이가 있다. 이 장에서는 플래너를 통해 주어진 시간을 최대한 알차게 활용하는 방법에 대해 설명할 것이다. 이 장을 읽고 나면 분명 책을 덮자마자 스터디 플래너를 작성하게 될 것이다.

대학은 고른 실력의 학생을 원한다

"시험까지 이틀 남았어요. 수학은 웬만큼 했는데, 과학은 이해가 되지 않아서 미루다가 결국 손도 못 댔어요. 어떻게 공부해야 할지 모르겠어요. 과학은 그냥 버리고 이틀 동안 수학만 파도 괜찮을까요?"

시험을 앞둔 학생들이 자주 하는 고민 중 하나다. 누구나 잘하는 과목만 공부하고 싶은 마음을 가지고 있다. 그 마음을 행동으로 옮기면 결국 잘하는 과목은 계속 잘하지만 못하는 과목은 계속 못하게 된다. 많은 학생이 집중이 잘 되지 않는 과목을 붙잡고 시간을 낭비할 바에는 집중이 잘 되는 과목을 공부하는 것이 효율적이라는 착각을 하고 있다.

한 과목만 잘하는 것은 쉽다. 그러나 한국의 대학교들은 모든 과목을 두루두루 잘하는 학생을 선호한다. 국어 50점, 수학 100점보다는 국어 80점, 수학 80점이 낫다. 이제 이과와 문과도 통합되었고 영어는 더 이상 문과 학생들만 잘해야 하는 과목이 아니다.

어떻게 모든 과목을 잘할 수 있냐고? 그 어려운 질문의 해답이 스터디 플래너다. 스터디 플래너를 이용하면 나의 과목별 학습 밸런스를 맞출 수 있다. 취약한 과목을 공부하는 시간은 상대적으로 길게, 잘하는 과목을 공부하는 시간은 상대적으로 짧게 배분한다. 물론 머릿속으로 생각하는 것에 그치지 말고 스터디 플래너에 기록해야 한다. 특히 시험 기간에 과목별 시험 범위까지 고려해서 시간 배

▲ 수험 시절 작성한 스터디 플래너. 용도에 다르게 사용했다.

분을 한다면 시험 일주일 전 즈음에는 음악, 미술, 체육 등 비주요 과목까지 챙길 수 있는 여유를 얻게 될 것이다.

스터디 플래너를 사용하지 않으면 앞서 이야기한 것처럼 자신이 잘하는 과목만 공부하고 싶은 심리적인 편향에 쉽게 넘어간다. 스터디 플래너를 활용해서 감정과 편향에 끌려 다니면서 공부하려는 함정에서 탈출해서 주어진 계획에 따라 공부하는 습관을 길러보자.

▲ 공부의 원동력이자 스스로의 자극제가 되는 스터디 플래너.

생각해보면 우리는 10대 시절의 대부분을 공부에 전념한다. 빠르면 유치원생 때부터 연필을 손에 쥐고 공부를 하고, 대부분의 공부는 수능이든 수시든 결국 대입까지 이어진다. 스포츠나 예술 분야 가운데 일부 예외, 혹은 용기 있게 대입이 아닌 다른 길을 선택한 이들을 제외한다면 그것이 거의 모든 대한민국 10대 청소년이 맞이할 수밖에 없는 현실이다. 잠을 줄여가면서까지 힘들게 공부에 투자한 시간과 부모님이 투자해주신 어마어마한 자본의 끝에서 받아든 결과가 좋지 않으면 얼마나 허망한가.

나는 수험 생활의 끝을 달려갈 무렵 그런 허망한 결과에 대한 두려움을 느꼈다. 오늘 내가 나태함에 빠져 부지런히 공부하지 않으면 지금까지 바쳐온 그 모든 것들이 전부 무효가 될 것만 같은 기분이 들었다. 두려움은 열심히 공부를 해야 한다는 원동력이자 자극제가 되었고, 그 원동력을 눈으로 확인시켜준 것이 스터디 플래너였다.

매일 공부할 수 있게 하는 힘

스터디 플래너에는 내가 공부한 과거의 흔적들이 남는다. 어제 몇 시간 동안 얼마나 집중해서 공부했는지, 더 나아가 지난주, 지난달에는 얼마나 집중해 공부했는지 기록으로 남는다. 집중이 되지 않고 공부하기가 싫을 때면 스터디 플래너를 펼쳐보았고, 글로 남아 있는 과거의 나를 통해 현재 공부에 대한 원동력을 얻었다. 오늘의 나태함이 어제의 노력을 제로(0)로 만들 수도 있다는 두려움이 원동력이 되어 마음을 다잡고 공부를 했고, 오늘의 공부는 내일 내가 할 공부의 원동력이 될 것이라고 생각했다. 그렇게 하루하루 쉼 없이 공부를 해 나갔다.

매일 공부만 하는 것은 쉬운 일이 아니다. 구체적인 꿈이나 목표를 가지고 있지 않은 학생들이라면 왜 공부를 해야 하는지 본질적인 회의감을 갖기도 한다. 나 또한 고등학교 때 공부를 하면서도 명확한 꿈을 가지고 있지는 않았다. 그래도 매일 공부를 해나갈 수 있었던 것은 스터디 플래너, 그리고 '공휴일궤'라는 좌우명을 통한 마음가짐 덕분이었다.

'공휴일궤(功虧一簣)'는 공휴일과는 전혀 상관없는 사자성어다.

▲ 나의 수험 생활을 지지해준 글귀는 바
로 '공휴일궤'였다.

한자를 풀어 보면 '노력(功)이 한 (一) 삼태기(簣)가 부족(虧)하다'는 뜻인데, 산을 쌓아 올리는데 단 한 삼태기의 흙을 게을리 하여 결국 완성을 보지 못한다는 말로, 거의 이루어진 일을 끝까지 마치지 못 해서 오랜 노력이 아무 보람도 없 게 되는 상황을 뜻한다.

마라톤을 처음 10킬로미터만 뛰고 포기한 사람이나 42킬로미터 까지 뛰어놓고 마지막 0.195킬로 미터를 못 뛴 사람이나 완주에 실 패한 것은 같다. 90%, 99%까지 왔는데 흙 한 줌이 모자라서 목표를 달성하지 못했다면 얼마나 억울할까? 세상에는 100%가 아니면 인 정해 주지 않는 일들이 정말로 많다. 스터디 플래너는 입시로 가는 긴 마라톤에서 주저앉거나 나태해지려는 나를 100% 골인 지점까 지 이끈 페이스 메이커와 같은 존재였다.

시작은 계획표부터

초등학교와 중학교 시절, 수학학원과 영어학원, 그밖에 다른 학

시간 \ 요일	월	화	수	목	금	토	일
05:00							
06:00							
07:00							
08:00							
09:00							
10:00							
11:00							
12:00							
13:00							
14:00							
15:00							
16:00							
17:00							
18:00							
19:00							
20:00							
21:00							
22:00							
23:00							
24:00							
01:00							
02:00							
03:00							
04:00							

◀ 방학 기간
　일일계획표

월	화	수	목	금	토	일
9　D-29	10　D-28	11　D-27	12　D-26	13　D-25	14　D-24	15　D-23
16　D-22	17　D-21	18　D-20	19　D-19	20　D-18	21　D-17	22　D-16
23　D-15	24　D-14	25　D-13	26　D-12	27　D-11	28　D-10	29　D-9
30　D-8	1　D-7	2　D-6	3　D-5	4　D-4	5　D-3	6　D-2
7　D-1	8 중간고사 첫날	9 중간고사 둘째날	10 중간고사 셋째날	전교권 들기!!		

◀ 시험 기간
　일일계획표

원을 다닐 때는 스터디 플래너를 작성하지 않았다. 학원에 가지 않는 시간에는 숙제를 하면 되었고 학원에서는 수업을 들으면 되었기 때문에 생활 패턴이 손쉽게 정리가 됐기 때문이다. 물론 시간이 늘어나는 방학 때와 시간을 최대한 끌어내 활용해야 하는 시험 기간에는 계획표를 짜긴 했다. 이 계획표가 고등학교 때 좋은 성적을 받을 수 있었던 스터디 플래너의 시초다.

보통 초등학교와 중학교 방학 때에는 원형 계획표를 작성했다. 그러나 이는 매일 매일의 스케줄이 똑같다는 전제조건을 필요로 한다. 그렇지 않다면 요일별로 일일이 계획표를 따로 만들어야 한다. 당장에 주중과 주말 스케줄이 다르고 학원도 요일별로 차이가 있는데 원형 계획표 한 장으로 가능할까? 그래서 원형 계획표를 포기하고 시간대별로 매일의 계획을 구체적으로 작성할 수 있는 표를 이용했다. 하지만 한 시간 단위로 세분화된 계획표는 꾸준히 작성하지 못했다.

그렇게 중학교 때까지 시행착오를 겪으면서 스터디 플래너를 이용하는

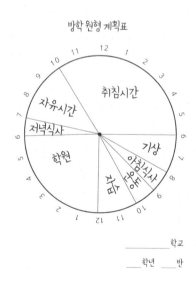

▲ 일반적 방학계획표

▶ 학교에서 나눠준 연습 노트를 최대한 활용해서 좋은 성적은 물론 상장도 여러 차례 받을 수 있었다.

연습을 해왔다. 고등학교에 진학하고 나서는 수학학원 말고는 다른 학원은 다니지 않았기 때문에 자습시간이 굉장히 늘었고, 그 시간을 제대로 활용하기 위해 스터디 플래너를 무조건적으로 활용했다.

고등학교 3년 동안, 그리고 재수 생활을 할 때까지 꾸준히 스터디 플래너를 작성했다. 학교에서 나누어 준 노트, 인강 사이트에서 무료로 제공하는 플래너, 일반 수첩, 포스트잇, 플래너 형식의 프린트물, 탁상용 플래너 등 매우 다양한 형태의 스터디 플래너를 활용했다. 고등학교에서는 학기마다 계획을 적는 공간이 있는 연습 노트를 나눠주고 잘 활용하는 학생에게 상장을 수여했는데 이 역시 아주 유익했다. 열심히 계획을 세우고 공부해서 좋은 성적도 받고 상도 받는 일석이조의 효과를 거둘 수 있었다.

스터디 플래너의
놀라운 힘

공부 시간을 효율적으로 배분할 수 있다

한국에서 공부로 좋은 대학교에 진학하기 위해서는 한 과목이 아
닌 모든 과목을 두루 잘해야 한다. 어느 전형으로 지원하느냐에 따
라 다르긴 하지만 수능 최저 점수와 고등학교 내신 등급이 필요한
교과전형이나 이에 더해 비교과까지 신경 써야 하는 학생부종합전
형의 경우는 더 그렇다. 서울대학교의 경우에는 비주요 과목의 점수
도 반영된다.

사실 더 근본적인 이야기를 하자면, 고등학생들은 자신이 지원할
대입 전형을 1학년 때부터 정해두고 그것만 집중적으로 준비하지

않는다. 3학년 2학기가 되었을 때 어떤 전형이 자신에게 가장 유리할지 아무도 모르기 때문이다. 고등학교 1학년 때는 어느 학교에 어느 전형으로 지원할지 알 수 없기 때문에 할 수 있는 모든 것들을 최대한 신경 써서 준비하는 편이 좋다. 2학년과 3학년이 되었을 때에는 선택과 집중을 한다고 해도 주요 과목의 공부 밸런스와 각 과목 안에서의 단원별 공부 밸런스를 맞추어야 한다.

나는 스터디 플래너로 과목별 공부 비중을 조절할 수 있었고 덕분에 크게 처지는 과목 없이 대부분의 과목을 잘할 수 있었다. 물론 모든 과목을 동등한 비중을 두고 공부하라는 뜻이 아니다. 공부에 강약을 조절하라는 이야기다. 못하는 과목에는 시간을 더 투자하고, 잘하는 과목은 공부 시간을 줄이는 식이다.

여기서 중요한 점은 '잘하는 과목은 공부 시간을 줄인다'는 것이다. 잘하는 과목에는 시간을 쓰지 말고 못하는 과목에 올인하라는 뜻이 아니다. 스터디 플래너가 없다고 해도 공부를 하다 보면 못하는 과목에 자연스럽게 시간을 더 투자하게 된다. 공부해야 하는 범위는 정해져 있을 것이고 잘하지 못하는 과목은 이해하는 데 시간이 오래 걸리기 때문이다.

문제는 한쪽으로 쏠리기 쉽다. 아무리 해도 안 되다 보니 지레 포기하고 잘하는 쪽으로 올인하거나, 반대로 못하는 과목에 시간을 너무 쓰는 나머지 잘하는 과목에 소홀히 하기 쉽다. 못하는 과목에는 시간을 더 투자해야 하지만 잘한다고 생각하는 과목도 방심하지 않고 해야 한다. 한쪽으로 지나치게 쏠리지 않고 균형을 통제해주는 것이 바로 스터디 플래너다.

수학은 진도를 순차적으로 나갈 수 있고 계속 심화 문제가 있으니 꾸준히 할 수 있다. 그러나 국어나 영어 같은 언어 영역은 보통은 진도가 확실히 정해져 있지 않기 때문에 방심하기 쉽다. 물론 초반에는 새로운 개념들을 학습하는 데 노력을 기울여야 하겠지만 웬만큼 하다보면 언어 영역은 개념 습득보다 꾸준함이 중요시된다. 운동으로 근육을 좀 길렀다고 해서 방심하고 꾸준한 단련을 소홀히 하면 근육이 점차 빠지는 것처럼, 아무리 영어를 잘한다고 해도 자만하고 방심해버리면 갑자기 어휘력이 낮아지거나 한 문장을 해석하는 시간이 길어질 수 있다.

단기적으로 내신을 준비하든, 장기적으로 수능을 준비하든, 그 기간 동안 여러 과목의 시험을 대비해야 한다. 주어진 자습 시간에 내가 무슨 과목을 공부할 것인지는 전적으로 자신에게 달려 있다. 애초에 계획을 세울 때 과목별 비중을 '내가 하고 싶은 만큼'이 아니라 '공부해야 하는 양'과 '얼마나 많은 시간을 투자해야 하는가(그 과목에 대한 나의 실력)'를 고려해서 시간을 배분하라. 한 과목만 잘하는 것은 쉽지만 모든 과목을 잘하는 것은 상당히 어렵다. 우리에게 주어진 시간은 한정되어 있다.

공부도 똑똑하게 해야 한다. 모의고사를 볼 때마다 늘 국어는 3등급, 수학은 2등급, 영어는 1등급을 받고 과학탐구는 1등급과 2등급을 번갈아가며 받는다면, 일주일 과목별 공부 시간을 합쳤을 때의 비율이 국어, 수학, 영어, 과학탐구 순으로 35:30:10:25 정도가 되도록 맞추자.

반드시 이런 식으로 계산해서 비율을 맞춰야 하는 것은 아니지만 상대적으로 취약한 과목에 시간 투자를 더 많이 하는 것이 합당하다. 공부해야 하는 '양'이 많은 과목의 공부 시간을 많이 배치하는 것 또한 합리적이다. 상대적으로 잘해서 공부 시간을 비교적 적게 잡았다면 그 시간만큼은 반드시 그 과목을 공부해 해당 과목을 소홀히 하지 않도록 하자.

특히 고등학교 3학년 수능을 준비할 때는 과학탐구를 소홀히 하지 않는 것이 중요하다. 과학탐구의 경우 개념 자체는 그리 많지 않다. 따라서 한 번 개념 정리를 하고 기출문제를 푼 뒤 여름부터는 과학탐구를 소홀히 하는 사람이 많다. 그러나 오랜 시간 공부를 하지 않으면 까먹기 마련이다. 최소화하는 것은 좋지만 결코 놓아서는 안 된다.

현재 수능을 준비하고 있고 영어 점수가 안정적으로 나오는 학생이라면 영어는 절대평가화되었기 때문에 영어 공부 시간을 최소한으로 잡고 계획표를 짜면 된다. 아직 수능까지 시간 여유가 있는 학생들은 미리 영어 실력을 다져놓을 필요가 있다. 고등학교 3학년 때에는 영어 공부를 최소화하는 것이 좋기 때문이다.

하루 과목별 학습 시간

국어	수학	영어	탐구	총 학습시간
1h 1m	4h 54m	1h 51m	1h 28m	9h 14m

한주를 정리하며 (학습 및 생활관리에 대한 내용)

총 학습시간은 약 46시간.

2:3:3:2 비율에 맞추려면 약 9:13:13:9 정도 돼야 한다.

그런데 7,5:12,5:12:9로 국어 미달, 수학 미달, 영어 초과다.

국어와 수학 공부량을 늘리자!

생각하면서 공부할 수 있게 해준다

스터디 플래너는 내가 지금 무슨 공부를 하고 있는지, 무엇을 위해 공부를 하고 있는지, 그다음에는 무슨 공부를 해야 하는지, 이전에는 무슨 공부를 했는지 생각할 수 있게 해준다. 스터디 플래너를 작성하고 있지 않다면 다음 질문들을 한번 떠올려 보라.

어제 당신은 무슨 공부를 했는가? 아니, 오늘 무슨 공부를 했는지, 머릿속에 새로 추가된 내용은 어떤 것인지 기억이 나는가?

기억나지 않는다면 과연 그 시간에 했던 공부가 의미가 있다고 말할 수 있을까? 당장 오늘의 공부 내용도 정확히 기억나지 않는데 시험 때는 과연 어떨까?

아무 생각 없이 아무 문제집이나 펼쳐놓고 하는 공부가 아니라 해야 하는 마땅한 이유가 있는 공부를 계획적으로, 생각하면서 할

▲ 각 과목별로 점수를 체크한 후, 과목별 공부 비중을 조절했다.

수 있도록 노력하자. 목적 없는 공부는 안 하느니만 못하다.

재수 생활을 할 때 학원에서 나누어준 플래너 양식은 과목별 학습 내용을 구체적으로 적는 칸이 따로 있었는데 공부한 모든 내용을 적기보다는 하루를 마무리하며 그날 공부한 내용을 보지 않고 머릿속으로 떠올리며 적어보려 노력했다.

일과를 마치며 하루 동안 공부한 내용을 기록하면 자신을 되돌아볼 수 있다. 그리고 이 과정에서 자신이 해야 하는 공부는 무엇인지 깨닫게 되는 기회 또한 덤으로 얻게 된다.

			토요일은 주중에 하지 못한 것을 완벽하게 해야 하는 소중한 시간								하루 과목별 학습 시간				
월 일 토요일		자습충실도	오전		오후			저녁		국어	수학	영어	탐구	총 학습시간
D -	(수능일: 11월17일)		상 중 하	상	중	하	상	중	하	1h1m	4h59m	1h 5m	1h 4m	8h 4m

과목	학습 계획	실천 여부	세부 학습내용 및 학습에 대한 소감	학습 소요시간	과목	학습 계획	실천 여부	세부 학습내용 및 학습에 대한 소감	학습 소요시간

학습한 내용 중 반드시 반복 학습해야 할 내용	국어	수학	영어

식어가는 열정을 다시 불태워 귀가 후 무언가를 배워야 한다!		오늘 하루 자신을 칭찬하고 반성하기 – 칭찬할 일이 반성한 적게!	
계획		칭찬하기	
실천		반성하기	

▲ 고등학교 3학년 여름방학 때 계획한 과목별 학습 시간과 실제 학습 시간. 수학에 비중을 두되 나머지 과목도 신경 쓰려고 노력했다.

스스로 나태함에 빠지지 않게 해준다

시간을 기록하는 힘은 대단히 크다. 같은 시간이어도 글로 적음으로써 인식되는 시간은 더욱 소중하게 느껴진다. 스터디 플래너는 내 삶이 여유롭지 않다는 것을 깨닫게도 해준다. 한 달을 일주일처럼 지내는 사람이 아니라 일주일을 한 달처럼 지내는 사람이 되자.

과학 복습도 해야 하고, 내일 수업 때 함께 다룬다는 수학 문제도 풀어야 하고, 수행평가 독후감도 작성해야 하고, 동아리 실험보고서도 적어야 하고…. 할 일이 너무 많아 스트레스를 받아본 적이 있는가? 어떤 것부터 해야 할지 몰라서 고민하다가 시간을 허무하게 날려버린 적이 있는가? 혹은 여유롭다고 생각했는데 막상 시작해보니 시간이 부족해 당황스러웠던 적이 있는가? 나는 있다.

스터디 플래너를 짤 때 가장 먼저 할 일은 '내가 공부할 수 있는 시간'과 '내가 해야 하는 공부'를 목록화해서 정리하는 것이다. 단순히 머릿속으로 해야 할 공부가 많다고 생각하는 것과 목록화해서 적어보는 것은 엄청난 차이가 있다. 해야 하는 공부들을 나열하다 보면 공부할 시간이 턱없이 부족하게 느껴질 것이다. 그 많은 공부들은 필요에 따라 우선순위를 정하고, 각각 투자할 수 있는 할당 시간을 정해 실천하자.

많은 사람들은 중요한 날이 다가오면 휴대폰 위젯으로 디데이를 설정한다. 그날까지 얼마나 남았는지 매일매일 확인하고 그 안에 필요한 일들을 끝마쳐야 한다는 압박감을 통해 하기 싫은 일이라도 꾸역꾸역 하게 만들기 위해서다. 그러나 그 안에 해야 할 일이 많은 경우, 단순히 디데이의 압박감만으로 효율적으로 해내기 힘들다. 이 일도 저 일도 중요해 보이고 시간은 없는 것 같은 생각에 이 일 저 일을 오가면서 우왕좌왕하다가 어느 하나도 제대로 끝마치지 못하고 결국 운명의 디데이는 돌아오기 때문이다.

스터디 플래너는 이보다 한 차원 높은 수단이라고 생각하면 된다. 한정된 공부 시간과 해야 하는 공부를 글로 적고 눈으로 확인함으로써 나 스스로 공부에 대한 중요도를 높일 수 있다. 계산한 시간 내에 내가 해야 하는 공부를 제대로 끝내지 않으면 다음 일정에 차

질이 생긴다는 사실을 되새기면서 약간의 압박감과 함께 스스로를 나태함에 빠지지 않게 다잡아준다.

덧붙여, 우선순위를 매길 때는 내일 일정에 영향을 주는 항목을 먼저 하도록 정하는 것이 좋다. 과학 복습과 내일 수업 때 다룰 문제 풀기 중 어떤 공부를 먼저 해야 할지 선택해야 한다면 내일 수업 준비를 먼저 하자.

'오늘 걷지 않으면 내일 뛰어야 한다'라는 말을 들어본 적이 있을 것이다. 매우 적절한 말이다. 학생들은 매일매일 해야 할 일이 많다. 오늘 해야 할 일들을 모두 실천하지 못하면 계획에 차질이 생겨 나를 곤란하게 만들 것이 분명하다. 페이스 조절이 안 되면 넘어지거나 금방 지칠 수 있다. 적절한 속도 유지를 위해 그날의 공부 할당량은 그날 꼭 다 해낼 수 있도록 하자.

지속적인 자아성찰이 가능하다

스터디 플래너는 어제보다 더 알찬 공부를 할 수 있도록 나를 격려해준다. 어제 공부를 적게 한 나 자신을 합리화할 수 없다.

평소 7시간을 공부할 수 있는데 어제는 5시간밖에 공부를 하지 않았다면 그다음 날 공부에 대한 마음가짐은 조금 더 견고해진다. 5시간밖에 공부할 수 없었던 이유가 있었다고 해도 어제의 공부 일지 옆에 오늘의 계획을 적으면서 '공부를 하지 않은 과거의 나'와 마주하게 되고 마음가짐에 변화가 생긴다. 약간의 죄책감과 어제의 몫만큼 오늘 더욱 집중해서 공부해야겠다는 책임감으로 오늘의 시간을 더욱 알차게 사용할 수 있다.

자아성찰은 시간적인 면으로만 그치지 않는다. 어제 한 과목에 집중해서 공부를 했다는 사실이 보이면 자연스레 오늘은 어제 하지 못한 과목에도 신경을 써야겠다는 생각이 든다. 끝없는 자기발전은 지속적인 자기성찰로부터 시작된다.

노력의 흔적으로 슬럼프를 이겨낼 수 있다

죽어라 공부했는데 성적이 오르지 않았다? 스터디 플래너는 내가 열심히 공부했다는 증거물이 된다. 성적이 오르지 않았다면 작성한 스터디 플래너를 검토해서 보완하면 된다. 성적 자체로 좌절하지 않고 열심히 달려온 나를 칭찬해 주는 한편으로 부족한 부분을 보완하기 위해 노력하면 된다.

"슬럼프는 어떻게 극복했어요?"

의대생이 된 뒤 수험생들에게 많이 들었던 질문 중 하나다. 공부한 만큼 점수가 나오지 않을 때 슬럼프를 겪는 학생이 많다. 이성적으로 생각하면 대입 합격 여부를 결정하지 않는 시험은 목표를 위한 과정 중 하나일 뿐이다. 시험 점수를 '내가 공부를 열심히 했는가?'를 평가하는 기준으로 삼으면 쉽게 좌절에 빠지고 의욕을 잃을 수 있다.

물론 나 역시 공부한 만큼 성적이 나오지 않으면 좌절했다. 하지만 좌절감이 슬럼프로 연결되지는 않았다. 스터디 플래너 덕분이었다. '자신에 대한 믿음'이 중요하다. 점수가 예상한 만큼 나오지 않으면 그때까지의 스터디 플래너를 살펴보며 '내가 이렇게 열심히 해왔으니 결국 잘 될 거야'라는 믿음을 다졌다. 왜 점수가 잘 나오지 않았는지, 무엇을 더 보강해서 공부해야 하는지 생각하며 공부 방향을 재설정하는 계기로 삼았다.

스터디 플래너를 작성하는 과정에서 강조하는 것 중 하나가 '매일의 루틴'이다. 특수한 상황이 아닌 이상 매일 공부할 수 있는 시간은 비슷할 것이고 이에 따라 공부 루틴을 정하라는 것이다. 이는 의욕을 상실해서 무엇을 해야 할지 모르게 될 때 큰 도움이 된다. 그냥 늘 하던 것을 하면 되기 때문이다.

재수 생활을 할 때 모의고사를 망친 적이 있다. 많이 우울했고 불안했다. 그래도 공부 루틴대로 그냥 늘 하던 공부를 하며 회복했다. 결국 그런 시간들이 쌓여 내 안에 나에 대한 믿음이 가득 채워진 상태로 수능 시험장에 들어갈 수 있었다.

03

스터디 플래너,
이렇게 시작해라

가장 큰 계획 틀을 잡는 시점

스터디 플래너는 어떻게 작성하는 것이 좋을까? 먼저 한 달 정도의 장기적 계획, 일주일 단위 계획, 매일의 계획을 전부 고려하는 게 좋다. 일주일 단위의 계획을 세워 매주, 매일 반복할 수 있는 루틴을 만들자. 큰 계획을 잡을 때에는 나의 일과가 매주 비슷하게 반복되는 시기를 기준으로 한다. 공부가 가능한 시간대를 뽑아내고 그 시간대에 무슨 과목의 무슨 공부를 할 지 정한다. 특히 이때에는 공부할 교재 선정도 같이 이루어진다.

따라서 큰 틀을 세우기 위해서는 중간이나 기말고사 기간이 아닌 때, 혹은 방학이 시작될 때가 좋다. 중간 혹은 기말 기간을 앞두고는 약 한달 동안의 계획을 따로 세울 필요가 있기 때문이다. 반면 재수 생활 때에는 매달 모의고사를 보고 부족한 부분을 보완하기 위해 새롭게 학습계획을 세웠기 때문에 매달 새롭게 계획을 세웠다.

	학습전략
국어	☐ 지문 정확히 읽고, 선지 정확히 읽고 답 결정시간 줄이기
	☐ ○○○ 인강 기반으로 기출 다시 보기
	☐ EBS 아는 지문 확보하기
수학	☐ 통계 개념 확실히 정리하기
	☐ 확률, 경우의 수 조건 만족하고 실수하지 않기

위에는 재수생 때 새로운 달이 찾아올 때마다 그 달의 플래너 가장 앞장에 적어둔 학습 방향이다. 어느 교재를 주로 과목별로 어떻게 학습할 것인지 정해두었다.

매일 시간대별, 과목별 학습법을 설정하라

매일 공부할 수 있는 시간을 계산할 때 한 가지 중요한 전제조건이 있다. 공부한 시간을 계산할 때에는 학교에서 수업 듣는 시간, 인강 듣는 시간, 학원 수업 시간은 제외한다. 이 시간은 무엇을 공부할

지를 내가 계획하고 정할 수 있는 시간이 아니기 때문이다. 스터디
플래너에서의 '공부 시간'은 내가 공부 계획을 짜고 시간을 배분할
수 있는, 혼자서 공부하는 시간으로 한정한다.

새 학기 주간계획(3.2.~3.8.)	
구분	학습내용/범위
A.M. 6:00~6:30	[국어] 매3비, 한자성어 → 분석 꼼꼼히
A.M. 6:30~7:30	[영어] 영어 듣기, 단어 암기
점심&야자 1교시	배운 것들 복습하기
야자 2~3교시	[영어] 단어 암기, 3지문 분석
자투리 시간	영어 독해(야자 1교시), 수학 선행학습(야자 2교시)

위에는 고등학교 새 학기가 시작될 때 세운 계획이다. 공부할 수
있는 시간과 그때 무엇을 할지 목표에 따라 정했다. 먼저 시간대별
로 과목이나 해야 할 공부 유형의 틀을 잡는다. 예를 들어 아침 시
간에는 비문학과 영어듣기 공부를 하고, 쉬는 시간에는 집중력이
덜 필요한 수학문제를 푼다든지 하는 식으로 시간대에 따라 어떤
공부가 적합할지를 생각한다. 또한 과목별 공부시간도 각각 어느
정도로 배분할지 정해 두어야 한다. 문제집은 장기적 목표에 따라
서 일주일에 어느 정도를 풀어야 하는지 계산해서 하루의 목표와
시간을 잡자.

비시험 기간 주간계획 (8.17.~8.23.)	
구분	학습내용/범위
아침	비문학+영어듣기
쉬는시간+점심시간	수학문제 풀이
야자 1교시	수업 복습(꼭 지키기!)
야자 2교시	국어(문학), 영어

학기 중 시험 기간이 아닐 때는 공부를 많이 할 수 있을 것 같지만 생각보다 학교 행사가 많아 시간이 금방 지나가는 시기다. 스케줄 정리를 잘 해두고, 학교 안팎의 여러 가지 활동들을 고려해서 공부할 수 있을 때 최대한 많이 해놓는 것을 추천한다. 비시험 기간에는 하루에 학교 수업 복습 한 시간, 모의고사 국어·영어 연습 한 시간, 수학 선행 및 현행 문제 풀이 두 시간 정도로 시간을 배분했다.

고등학교 중간, 기말고사 기간(약 한 달간)은 넉넉하게 한 달 정도로 잡았다. 과목별 시험범위를 정리해서 각 주마다 공부할 범위를 설정했고, 시험 며칠 전부터는 다시 처음으로 돌아가 복습할 수 있도록 했다. 특히 가장 약했던 영어 내신 대비는 한 달 전부터 꾸준하게, 반복적으로 공부하는 것으로 했다.

암기 위주의 비주요과목인 경우에는 약 2주 전에 한 번 훑어둔 다음 일주일 전부터 집중적으로 하기 시작했다. 중·고등학교의 중간고사, 기말고사는 보통 4일 정도에 걸쳐 본다. 1학기 중간고사가

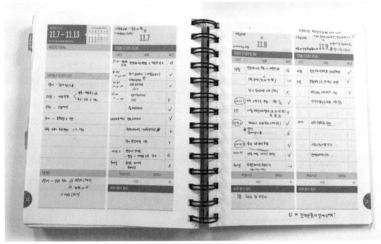

4월 27일부터 4월 30일이라고 가정했을 때 보통 해왔던 시험 대비 루틴을 소개한다.

	4월 1일~4월 14일 중간고사 대비 시작(시험 3~4주 전)
국어	■ 교과서 지문 복습
영어	■ 지문 1회 정독(내용, 문법, 단어 정리 및 암기)
수학	■ 문제집 풀면서 단원별 개념 학습 및 문제 푸는 연습
사회 · 과학	■ 수업자료로 내용 복습

	4월 15일~4월 18일 중간고사 본격 공부(시험 2주 전)
국어	■ 시험 범위 내 지문 문제 모조리 풀어보기 (문학작품의 경우 인터넷에서 찾아 타 학교 기출, 모의고사, 문제은행 자료를 전부 풀기)
영어	■ 지문 2회 정독(국어와 마찬가지로 문제 인쇄해서 풀어보기, 주요 문장 선별해서 해석하고 영작 대비)
수학	■ 단원별 심화문제집 풀기
사회 · 과학	■ 문제집 풀면서 내용 반복 학습 및 문제화 되는 포인트 파악
암기과목	■ 보통 내용이 적으므로 시험 직전에 볼 내용만 수기로 정리해 두면서 1차 암기

	4월 19일~4월 22일(시험 1주 전)
국어, 사회 · 과학	■ 중요 포인트나 서술형이 나올 가능성 높은 내용을 A4 종이나 노트에 정리, 기출문제 풀어보기
영어	■ 지문 3회 정독(중요 포인트만 A4 종이나 노트에 정리)
수학	■ 그동안 틀린 문제 다시보기, 수업 시간에 다룬 문제 풀어보기(프린트나 교과서) ■ 시간 재면서 주변 학교나 작년 기출문제 풀어보기(단, 시험 직전에는 오답노트를 권하지 않는다. 차라리 틀린 문제들을 오려서 모아두고 다시 보자.)
암기과목	■ 정리본만 반복적으로 읽고 백지에 적어보면서 2차 암기

	4월 23일
	중간고사 넷째 날 과목 집중 공부

	4월 24일
	중간고사 셋째 날 과목 집중 공부

	4월 25일
	중간고사 둘째 날 과목 집중 공부

	4월 26일
	중간고사 첫째 날 과목 집중 공부

집중 공부 기간에는 전날 과목에 집중해야 한다. 시험 직전에 공부해야 하는 1순위는 교과서와 학교 프린트물이다. 그 이후 문제집에서 틀렸던 내용을 복습한다. 과목별로 전체적인 내용을 훑되 중요하다고 생각한 정보들을 정리해서 그 정리본만 반복적으로 본다.

	4월 27일~4월 30일
	1학기 중간고사

내신기간 계획(4/7~4/28)		
공부해야 하는 것	■내신 : 국어(시), 수학(쎈, EBS), 영어(EBS),	
	생명과학II(EBS), 화학II(부교재)	
	■수능 : 국어(고전시, 현대시, 인강), 수학(마더텅, 논술),	
	영어(약한 유형), 생명과학(개념+오답), 물리(개념+오답)	
시간대별 공부 내용	A.M. 7:00~8:00	심쿵 명강 고전시가, 현대시
	A.M. 8:00~9:00	문학 워크북/초고난도 수능국어문제
	점심시간	영어 듣기+영어 프린트(최소 5문제 풀기)
	야자 1교시	수학
	야자 2교시	수학
	야자 3교시	수학
	P.M. 10:30~11:00	수능 국어 이투스 인강
	P.M. 11:00~12:00	영어(EBS)

위 계획표는 고3 내신시험 계획이다. 고3 때에는 수능 공부도 해야 하므로 최소한의 내신 기간으로 최대한의 점수를 받기 위한 준비를 하려고 했다.

방학 기간에는 학원에 가는 시간이 아니면 전부 공부에 쓸 수 있는 시기다. 혼자 도서관이나 독서실에 가서 자습을 하더라도 일어나는 시간부터 공부하러 가는 시간, 식사 시간은 정해두는 것이 좋다. 생활 패턴을 만들어두면 점차 몸에 익게 된다.

나의 공부 컨디션 리듬에 맞게

많이 들어봤을 것이다. 집중이 잘 되는 시간에는 내가 하기 싫은 공부를 하고, 집중이 안 되는 시간에는 내가 하고 싶은 공부를 하자는 것. 시간을 알차게 보내기 위해서는 무척 적합한 말이다. 그러나 실제 공부에 적용하기 위해서는 좀 더 구체적인 전략이 필요하다.

집중이 잘 되는 시간에는 새로운 정보 습득을, 집중이 안 되는 시간에는 복습 및 심화학습을 기본 전략으로 추천한다. 저녁을 먹고 공부를 할 때에는 식곤증 탓인지 눈꺼풀이 무거워질 수 있다. 그때는 억지로 하기 싫은 공부를 하기보다는 흥미를 느끼는 과목을 공부하며 시간을 쓰자. 졸음이 몰려올 수 있는 몸 상태로 어려운 과목을 공부하면 잠의 유혹으로 끌려들어가는 지름길이 될 것이다.

졸음이 오기 쉬운 시간에 추천하는 공부는 '내가 아는 내용을 기반으로 하는 문제들을 풀어보기'다. 새로운 지식을 이해하거나 암기해야 하는 깊은 노력이 필요 없이 이미 알고 있는 내용들이 어떻게 문제화가 되는지 파악하며 할 수 있는 공부이므로 지루하지 않게 할 수 있다. 문제가 잘 풀린다면 더더욱 기분 좋게 졸린 시간을 극복할 수 있다.

반면, 정신이 상쾌한 시간에는 새로운 정보 습득이 필요한 과목을 공부하자. 여기에는 새로운 정보를 이해하는 것뿐만 아니라 암기해야 하는 것까지도 포함한다. 예를 들어 수업에서 들었던 과학이나 사회 과목의 내용을 다시 읽으면서 내 것으로 만들어야 하는 경우에는 엄청난 집중력을 동원해야 질질 끌지 않고 단시간에 끝마칠 수 있다. 단순 암기도 집중이 안 되는 시간에 하면 효율이 떨어져서 집중력이 좋을 때에는 30분 만에 외울 수 있는 것을 2시간 넘게 질질 끌 수도 있다. 절대로 효율적이지 않다.

물론 모든 공부시간에 집중이 안 된다고 생각하며 복습만 하면 안 된다. 그렇게 되면 과목별 공부시간 밸런스가 무너질 수 있다. 상대적으로 집중도를 파악해서 분배하자.

시간을 최대치로 뽑아내려면

정해진 시간 내에 구체적인 계획을 세우는 것과 해야 할 공부를 정하고 구체적은 시간 계획은 세우지 않는 것 중 어떤 게 더 효율적일까? 구체적인 시간 계획 없이 해야 할 공부만 정해두면 시간을 비효율적으로 쓰게 될 가능성이 높다. 또한 해야 하는 것들의 시간 배분을 제대로 하기도 힘들다. 예를 들어 오늘 A, B, C를 전부 다 해야 한다고 계획을 세워두고 하다보면 A만 하다가 하루가 끝나거나 A, B, C를 두서 없이 오가다가 아무 것도 제대로 못 하고 끝날 수도 있다.

그렇다면 각각의 일정들에 투자할 시간을 어떻게 정확하게 분배하느냐에 의문을 가질 수 있다. 그래서 계획을 세울 때에는 첫째, 나 자신을 잘 알아야 한다. 내가 이 정도 분량의 문제를 풀 때에는 보통 어느 정도 시간이 걸리는지 알아야 한다. 둘째, 수정하면서 세워야 한다. 계획은 수정하는 것이다. 계획을 고치는 것에 죄책감을 가질 필요는 없다. 셋째, '플랜 B'가 존재해야 한다. 오늘 안에 계획한 것들을 다 하지 못했을 때를 대비한 다른 방안이 있어야 한다. 나는 매일 세워놓은 계획이 있었기 때문에 오늘 못한 공부가 생길 경우 내일의 일정을 취소하면서까지 보충하는 것은 원하지 않았다. 대신 '플랜 B'로 일요일의 계획을 여유롭게 짜 놓았다. 주중에 공부하면서 보충해야 할 부분이 생길 경우에는 비어 있는 일요일 일정에 추가했다.

스터디 플래너의 최대 장점은 내가 사용할 시간을 최대로 뽑아내고 최대로 사용할 수 있다는 데 있다. 스터디 플래너를 활용해 시간을 최대치로 활용하자.

연간 학습 계획표

일 \ 월	12	1	2	3	4	5
1						
2				개학		
3						
4		방학 동안 해두면 좋은 공부				중간고사 이후 해야 할 일
5						
6		국어 문법, 고전문학 작품 다뤄보기			중간고사 대비 시작 주요 과목 위주 개념학습	수행평가, 각종 교내대회, 학생부 독서기록 챙기기
7						
8						
9		영어 문법과 영단어 최대한 외워두기				
10						
11						
12		수학 최소 다음 한 학기 내용 제대로 선행해두기				
13						
14						
15				아침 시간 국어 비문학, 문학 번갈아 가면서 보기	주요 과목 문제풀이 연습	
16						
17				점심 시간 영어듣기 연습	비주요 과목 1차 암기	
18						
19				야자 1교시 당일 수업 복습	주요 과목 시간 참고 기출풀이 연습 및 주요 정리본 만들기	
20				야자 2교시 수학 문제풀이		
21						
22				야자 3교시 영어 독해 연습	비주요 과목 2차 암기	
23					넷째 날 과목 집중 공부	
24					셋째 날 과목 집중 공부	
25					둘째 날 과목 집중 공부	
26	방학 시작				첫째 날 과목 집중 공부	
27	방학 동안 해야 할 일					
28					1학기 중간고사	
29	독서, 봉사활동, 학교 인정대외 활동 등 비교과 챙기기					
30						
31						

※ 고등학교 2학년 기준

월 \ 일	6	7	8	9	10	11
1		넷째 날 과목 집중 공부			넷째 날 과목 집중 공부	
2		셋째 날 과목 집중 공부			셋째 날 과목 집중 공부	
3		둘째 날 과목 집중 공부			둘째 날 과목 집중 공부	
4		첫째 날 과목 집중 공부			첫째 날 과목 집중 공부	
5						
6						기말고사 대비 시작
7		1학기 기말고사			2학기 중간고사	
8						주요 과목 위주 개념학습
9						
10						
11						
12						
13						
14				중간고사 대비 시작		
15	기말고사 대비 시작					주요 과목 문제풀이 연습
16				주요 과목 위주 개념학습		
17	주요 과목 위주 개념학습		개학			비주요 과목 1차 암기
18						
19						주요 과목 시간잡고 기출풀이 연습 및 주요 정리본 만들기
20						
21			아침 시간 국어 비문학, 문학 번갈아 가면서 보기			
22						비주요 과목 2차 암기
23			점심 시간 영어듣기 연습			넷째 날 과목 집중 공부
24	주요 과목 문제풀이 연습			주요 과목 문제풀이 연습		셋째 날 과목 집중 공부
25	비주요 과목 1차 암기		야자 1교시 당일 수업 복습	비주요 과목 1차 암기		둘째 날 과목 집중 공부
26			야자 2교시 수학 문제풀이			첫째 날 과목 집중 공부
27	주요 과목 시간잡고 기출풀이 연습 및 주요 정리본 만들기		야자 3교시 영어 독해 연습	주요 과목 시간잡고 기출풀이 연습 및 주요 정리본 만들기		
28						2학기 기말고사
29						
30	비주요 과목 2차 암기			비주요 과목 2차 암기		
31						

자투리 시간 활용법

공부한 시간을 계산할 때에는 학교에서 수업 듣는 시간, 인강 듣는 시간, 학원 수업 시간은 제외하고 혼자서 학습하는 순 공부 시간만을 카운트해야 하는데 매일 학교를 다녀야 하는 학기 중에는 낼 수 있는 시간이 그리 많지 않을 수 있다. 그럼에도 불구하고 최대한 시간을 내기 위해서는 자투리 시간을 활용해야 한다. 쉬는 시간을 여섯 번만 활용해도 한 시간이 모인다.

자투리 시간은 금방금방 지나가버리는 경우가 대부분이다. 공부할 때 처음부터 100퍼센트의 집중력으로 할 수 있으면 좋겠지만 대부분의 학생들은 처음보다는 어느 정도 시간이 지났을 때 공부의 몰입도가 높아진다. 그래서 사실상 10분 정도 되는 자투리 시간에 하는 공부 효율은 그리 높지는 않다.

그러나 자투리 시간을 활용하려는 학생과 별 생각 없는 학생의 차이는 크다. 점심 먹고 한창 놀다가 들어와서 4교시 수업을 들으려는 학생과 점심 먹고 책상에 앉아서 쉬엄쉬엄 수학 문제를 풀다가 4교시 수업을 들으려는 학생은 공부할 준비 태세부터가 다르다. 또한 수학 문제를 풀던 학생은 두뇌를 어느 정도 회전시켰기 때문에 더욱 집중이 잘 되는 상태에서 수업을 들을 수 있다. 이미 제자리에서 엔진을 워밍업한 자동차와 이제 막 시동을 켠 자동차 중 어느 쪽이 더 빠르게 속도를 낼지 생각해 보면 답은 분명하다.

그렇다면 자투리 시간을 어떻게 활용할 수 있을까? 스터디 플래

너를 짤 때와 마찬가지로 활용할 수 있는 시간을 찾아내는 것으로
부터 시작한다.

다음은 재수할 때 낼 수 있는 자습 시간을 모두 모아놓은 것이다.
재수종합학원을 다녀서 고등학교처럼 매일 수업이 6~7교시까지 있
었고, 자습시간을 최대화하기 위해 수업을 마친 후의 자습시간 3시
간에 추가적으로 자투리 시간에 할 수 있는 공부시간까지 합해서
계산해본 것이다. 이 계산에 맞게 하루에 7~8시간씩 자습을 하려고
했다.

자투리 시간 찾기

아침 시간 1시간+ 쉬는 시간 1시간+ 식사 시간 1시간+
자습 시간 3시간+ 귀가 시간 1시간

총합 7시간

앞서 말했듯이 자투리 시간은 깊은 집중력을 요하는 공부를 하기
에는 적합하지는 않다. 나의 시간대별 자투리시간 활용법을 소개하
고자 한다.

정규수업 시작 전
잠에서 깨어난 지 약 한 시간밖에 되지 않았을 테니 두뇌를 깨워
야 한다. 이때에는 새로운 개념을 외워야 하거나 알고 있는 지식을
꺼내어 문제를 푸는 공부는 별로 추천하고 싶지 않다. 나는 보통 국

어 비문학 지문을 풀거나, 너무 두뇌회전이 안 될 때에는 중간 난이
도의 수학 문제를 풀었다. 국어 비문학 지문의 경우에는 머릿속에
들어있는 정보를 활용하는 것이 아니라 지문에 나와 있는 정보들을
읽고 정리해서 문제로부터 답을 도출하는 것이므로 시간을 재고 풀
면서 빠르게 글에 빠져들어 머리를 깨울 수 있었다. 수능이나 모의
고사 1교시도 국어이므로 수능을 준비하는 자세로도 적절했다.

쉬는 시간

선생님이 수업을 늦게 끝내 주시면 쉬는 시간이 10분보다 적을
수 있으므로 이때에는 뭘 한다는 생각보단 여유 있게 비워 둔다. 수
학문제를 풀거나, 이전 수업의 복습을 하거나, 수업에서 몰랐던 것
을 수업 직후에 선생님께 질문하는 시간으로 썼다. 주변이 매우 시
끄러울 수 있으므로 귀마개를 추천한다.

점심·저녁 식사 시간

친구와 함께 밥을 먹고 소화시킨다고 놀다가 금방 놓칠 수 있는
소중한 시간이다. 점심 혹은 저녁을 먹고 적어도 20분에서 많게는
40분까지 낼 수 있는 시간이므로 최대한 활용하자. 그날 수업 때 배
웠던 내용 복습이나 영어 독해를 위주로 공부했다.

자습 이후 집에서 자기 전까지

밤 10시에 자습이 끝나고 집에 와서 11시부터 12시 정도까지 한

시간 정도, 길게는 새벽까지 세 시간 정도 시간을 낼 수 있다. 야간 자율학습 세 시간을 끝내고 집에 돌아와 매우 지친 상태이므로 이때는 정말 내가 하고 싶은 공부를 했다. 가볍게 할 수 있는 과학탐구 문제 풀기를 자주 했다.

TIP

타이머 사용 시, 이것만은 지키자!

하루의 공부량을 체크하기 위해서는 타이머가 필수다. 타이머는 어제와 오늘의 공부량을 수치로 비교하기 위해서도 좋지만, 과목별 학습 밸런스를 맞추기 위해서도 유용하다. 하지만 타이머를 시도 때도 없이 켜놓고 최종적인 공부시간만으로 공부를 많이 했다고 만족한다면 오히려 공부에 악영향을 준다. 다음은 타이머를 이용할 때 지켜야 할 사항들이다.

● **순 공부시간을 체크할 것**

순수하게 자습하는 시간만을 측정하자. 인터넷 강의, 학원 수업, 과외 수업 시간은 포함하지 않는다. 다만, 쉬는 시간에 공부한 자투리 시간은 포함한다. 책을 보고는 있지만 읽지 않는다면 공부하고 있는 것이 아니라는 사실을 깨닫고 얼른 타이머를 멈추자. 제대로 마음을 다잡고 공부를 시작할 때 다시 타이머를 재생시키자.

● **과목별로 시간을 측정할 것**

하루 공부를 시작할 때 0초부터 재기 시작해서 하루 공부가 끝날 때까지 전체 시간을 재는 것보다는, 과목별로 시간을 재는 것이 좋다. 할당된 과목의 공부가 끝나면 리셋하고 타이머로 다시 재라. 하루 동안 각 과목을 공부하는 데 얼마의 시간이 걸렸는지, 취약한 과목이 어느 과목인지를 분석할 수 있다.

04

스터디 플래너,
망하지 않으려면

플래너는 다이어리가 아니다

학생들 사이에서 '다이어리 꾸미기'(일명 다꾸)가 한창 인기다. 인스타그램에 '공부스타그램', '모트모트플래너'라는 해시태그로 찾아보기만 해도 아기자기한 플래너들을 많이 볼 수 있다. 이들의 공통점은 누가 봐도 예쁘고 보기 좋게 꾸민다는 점이다. 예쁜 플래너를 사고 예쁜 색의 형광펜을 산 다음에 정성들여 예쁜 글씨체로 적는다. 여기에 더해서 귀여운 그림이나 스티커로 장식까지 한다.

그밖에도 시간이 들어갈 요소가 굉장히 많다. 물론 이렇게 꾸미면서 스터디 플래너를 꾸준히 관리하고 좋은 성적을 받는 학생들이 있지만 경계해야 할 점도 있다.

스터디 플래너를 작성하는 방법 중에서는 계획을 구체적으로 세우라는 말이 있다. 그렇다고 해서 무슨 책 몇 쪽부터 몇 쪽까지를 미리 일일이 확인하고 적어둘 필요는 없다. 내 머릿속에 있기만 하면 된다. 일일이, 깔끔한 글씨로 작성할 필요도 전혀 없다. 플래너는 다이어리가 아니다. 또한 스터디 플래너는 학습의 '도구'이지 플래너가 '목표'가 되면 안 된다.

플래너 작성 시간은 공부를 시작할 때, 계획을 세울 때, 과목별로 공부가 끝났을 때 체크하기 위해, 그리고 하루 공부가 모두 끝나고 다음날의 계획을 정리 혹은 수정할 때에만 10분 내로 보도록 하자.

다시 한 번 강조하지만 플래너에 너무 많은 시간을 투자하지 말라! 각각의 공부가 끝났을 때, 하루를 시작할 때, 하루가 끝났을 때 잠깐 활용하라. 덧붙여 플래너에 적는 계획의 양이나 공부시간에 너무 집착하지 말라. 어쨌든 중요한 건 공부의 효율이다.

작심삼일이 되지 않으려면

계획을 세울 때는 구체적으로 세우라는 말을 많이 듣는다. 도대체 '구체적'란 어떤 의미인가? 매일 공부 시간을 분 단위로 잘 쪼개어 설정하라는 것일까? 밥 먹는 시간, 쉬는 시간을 정확히 정해두라는 것일까? 과목별로 공부할 페이지 쪽수를 구체적으로 적어놓으라는 것일까?

위와 같은 사항들은 머릿속으로 대강 정해 놓아도 무방하다. 어차피 그렇게까지 구체적으로 세워봤자 정확하게 지키기보다는 매일 유연하게 대처하게 된다. 또한 그렇게 세우고 지키려고 한다면 오히려 더욱 스트레스를 받게 되거나 작심삼일의 계획이 될 수 있다.

계획의 목적은 실천이다. 실천할 수 있는 양만큼의 계획을 세우자. 실천할 수 있는 계획을 세우기 위해서는 다음과 같은 순으로 구체적으로 설정해야 실천 가능한 계획을 세울 수 있다.

반복되는 일주일 동안 할 수 있는 총 공부시간 체크
→ 한 달 단위의 장기적 과목별 목표 설정
→ 목표 달성을 위한 일주일 단위의 목표 설정
→ 일주일 단위 과목별 공부시간 분배
→ 매일 단위의 공부 과목, 내용, 시간 분배

나에게 주어진 공부 환경과 해야 하는 공부에 대한 파악이 전혀 없이 계획을 세우면 막연하고 실현 가능성이 불확실한 계획을 세우게 된다. 내가 할 수 있는 양보다 욕심 내서 목표를 세우게 된다면 장기적으로 봤을 때 체력적으로나 정신적으로 쉽게 지칠 수 있다. 시험까지 시간이 한정되어 있다는 것을 기억하고 현실적인 목표를 세워 실천하자.

변수에 유연하게 대처하자

간혹 계획표를 몇 번 짜 봤지만 하나도 제대로 실천하기 어렵다며 아예 계획 세우기를 포기하는 학생들이 있다. 물론 처음부터 목표치를 전부 실천하는 것은 쉬운 일이 아니다. 또한 대부분은 자신의 능력치를 제대로 알지 못하고 과대평가해서 많은 계획들을 한꺼번에 세운다. 하루하루 내 성취도를 확인하면서 그에 맞는 계획을 세워보자.

'스터디 플래너 작성 시 기억해야 할 세 가지'에서 이미 계획을 세울 때에는 나 자신을 잘 알아야 하고, 수정하면서 세워야 하며, '플랜 B'가 존재해야 한다고 언급한 바 있다. 사람마다 하루에 할 수 있는 공부량과 한계는 다르다. 이러한 개인차를 스스로 잘 평가하고 이에 맞게 계획을 세우는 것이 중요하다. 나에게 적합한 계획은 한 번에 만들어지지 않으며, 시행착오를 겪으며 실행하는 과정을 통해 만들어진다. 이번 주에 이 단원을 전부 끝내기로 했는데 그러지 못했다면 다음 주까지 학습하도록 계획을 변경해도 된다.

아무리 나에게 적합한 공부량을 계산하고 이를 극대화하기 위한 계획을 잘 세웠다고 하더라도 변수는 있을 수 있다. 삶이란 내 의지와 상관없이 계획을 방해하는 일이 일어나게 되어 있기 때문이다. 그렇다고 해서 좌절하지 말고 유연하게 대처하자. 계획은 나와의 약속이지만, 이를 지키지 못해서 계획을 수정했다고 해서 죄책감을 갖거나 포기해버릴 필요는 없다.

계획이 자꾸만 미루어진다면

방학 한 달 내에 총 8단원까지 있는 하나의 문제집을 다 풀기로 했다. 한 주에 두 단원씩은 끝내야 하는데, 둘째 주에 갑자기 3단원에서 막혔다. 내용이 너무 어렵고 이해가 안 되니까 풀기 싫어지고 자꾸 그 과목 공부를 회피하게 되는 것이다.

그렇다면, 공부할 내용이 어려워 진도가 안 나가면 어떻게 해야 할까? 3단원을 충분히 숙지해지 않아도 그 이후 단원을 공부하는 데 큰 영향을 주지 않는다면, 괜히 3단원만 붙잡고 있지 말고 과감하게 넘어가자. 뒷 부분까지 학습하고 나서 돌아왔을 때 3단원의 내용들이 이전보다 수월하게 이해될지도 모른다.

이는 계획을 세울 때만이 아니라 시험 문제를 풀 때에도 마찬가지이다. 한정된 시간 내에 최선의 결과를 내어야 한다. 45분간 1번부터 20번까지 모든 문제를 풀어야 하는데 1번부터 문제가 막혔을 경우 어쩌겠는가? 그 문제를 붙잡고 있다 보면 시간은 흐르고, 생각은 나지 않고, 촉박한 마음만 더해져 결국 자신감마저 바닥으로 떨어져 완전히 그 시험을 망쳐버리고 말 것이다. 그럴 때에는 자신감을 가지고 1번은 과감히 넘기자. 뒷 문제들부터 풀고 나서 남은 시간에 1번을 다시 돌아보는 게 훨씬 효율적이다.

공부도 마찬가지다. 한 과목을 공부할 때도 마찬가지고 하루에 여러 과목을 공부할 때에도 마찬가지다. 역사를 공부하는데 유독 암기도 안 되고, 졸음은 쏟아지는데도 그 과목만 붙잡고 있지 말고, 오히려 내가 좋아하는 공부로 자신감과 의지를 끌어 올려놓은 다음에 다시 역사책을 펼쳐보자.

혹여나 오해할까봐 당부하지만 아예 하지 말라는 뜻이 아니다. 굳이 안 되는 공부를 붙잡고 있으면서 시간 낭비하지 말자는 것이다. 잠시 잊고 다른 공부나 일을 하고 나서 돌아와 다시 들여다보면 이전보다 훨씬 잘 이해되고, 잘 풀리는 경험을 하게 될 것이다.

스터디 플래너
200% 활용법

플래너의 종류에 따라 조금씩 다르지만 웬만한 플래너에는 매월의 달력과 매일 공부에 대해 몇 마디 쓸 수 있는 공간이 있다. 또한 성적을 정리할 수 있는 파트가 따로 있는 플래너도 있다. 다음은 수험 생활을 하면서 스터디 플래너를 단순한 계획표 작성 용도 외에 활용한 사례들이다.

중요 키워드와 질문을 저장하라

그날 공부할 때 어려웠던 것, 꼭 암기해야 하는 것, 다음 시간에 선생님께 질문할 것을 메모한다. 그날그날 학교 수업 시간 때 배웠던 내용을 복습하는 과정에서 이해가 안 되는 부분이 생길 수 있다. 모르는 게 생기면 최대한 빠르게 해결하고 넘어가는 게 좋지만 앞으로 질문할 게 더 쌓일 수도 있고 이 경우에는 모아서 한 번에 질문하는 게 좋다. 또한 선생님께 바로 질문할 수 없는 경우에는 기억해 두어야 한다. 이 경우에는 플래너에 적어 두면 잊어버리지 않고 질문할 수 있다.

Q. 태양이 항상 연속 스펙트럼은 아닌지? (p.200, 332번)
Q. 다당류는 오직 포도당?
Q. 식물 분열 시 중심점이 없는데 어떻게?
Q. 수술 암술은 기관? 무슨 조직? 분열 조직?
Q. ADH 왜 혈압이 높을수록 억제?

이렇게 여러 질문형 문장들이 적혀 있다. 선생님께 질문하거나, 나중에 한 번에 인터넷이나 책으로 찾아볼 내용을 기록해 두었다. 재수를 할 때 사용한 플래너에는 매일 공부한 내용을 적을 수 있는 복습칸이 컸다. 매일매일 공부할 양이 많은 방학 때, 혹은 재수 이상의 N수생들은 긴 하루 동안 학습한 내용들 중 주요 내용을 까먹지 않기 위해 정리해 기록해 놓는 것도 좋다.

나는 일주일을 마무리할 때 그 주간에 공부한 것 중 복습할만한 것과 중요한 것들을 다시 정리해 놓았다. 그러면 매달이 지날 때 다시 읽으면서 복습용으로 이용할 수 있다. 작성할 때 중요한 것은 책을 펴서 따라 적지 않는 것이다. 복습한다고 생각하고 기억에 의존해서 떠올려 볼 수 있도록 하자.

감정의 쓰레기통 = 감정 정화 수단

스터디 플래너를 일기처럼 활용할 수 있다. 다만 일기와 다른 점은, 매일 적어야 하는 부담감을 가질 필요도 없고 길게 적지 않아도 되며, 흘림체로 적어도 된다. 공부가 잘 안 되고 자꾸 잡생각이 들 때에는 플래너를 펴고 오늘 해야 할 일들을 다시 확인하고 스스로에게 따끔한 말을 남기자. 스스로에 대한 위로나 칭찬도 좋지만 조금이라도 날려버린 시간들에 대해 반성하고, 스스로에게 욕을 해도 좋다. 실제로 내 플래너에는 부정적인 어휘들도 많이 담겨 있다.

4월 3일 (아침 패턴이 다시 예전으로 돌아 갔으면 좋겠다.)	
공부 시간	5시간 19분
하루를 돌아 보며	한심 한심~ㅠ_ㅠ. 벌써 벌점이 14점이다. 진짜 말도 안 되게 슬프고 화도 난다. 부모님께 너무 죄송하기도 하다. 제발 떠들지 말자, 항상 유념해야 하는데…. 아, 화나. 진짜!

4월 5일 (단어 PART 2강 → 괜찮다)	
공부 시간	4시간 40분
하루를 돌아 보며	마음과 정신은 다시 안정을 찾아가는 듯 싶다. 그러나 내가 가장 취약한 영어와 과탐공부가 덜 되는 것 같아서 걱정이 된다. 담임 선생님에게 면담을 부탁드려볼까?

5월 27일 (RESTART, 정신 차려라!!!)	
공부 시간	3시간 30분
하루를 돌아 보며	조금 있으면 반수반도 들어올 것이다. 재수를 하는 너에게는 상대조차 되지 않도록 너 자신을 끌어올려야 하는데 왜 이렇게 쉽게 쉬해졌는지…, 한심하기 짝이 없다. 오늘은 집에 가서 꼭 단어를 외우자!

또한 공부와 관련이 없어도 지금 내 공부에 영향을 주고 있는 고민이나 걱정들도 글로 남겨두자. 기록 자체가 내 고민의 해결책이 될 수는 없어도 지금 당장 내 머릿속에서는 불필요한 생각들을 조금이라도 덜어낼 수 있다. 자신의 좋지 않은 감정을 마음속에 꾹꾹 눌러두고 끙끙 앓는 것보다는 글로 남기는 편이 감정의 정화에 도움이 된다.

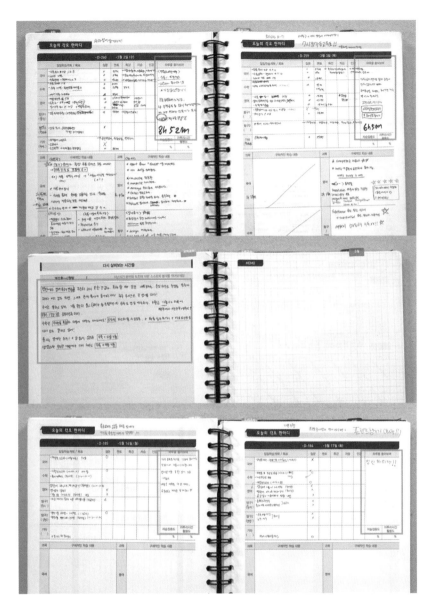

▲ 스터디 플래너에 스스로 하루를 돌아보며 잘한 점은 칭찬하고 부족한 점은 반성할 수 있도록 기록했다.

	8월 3일
하루를 돌아 보며	물리 선생님이 나를 조교로 삼고 싶다고 하셨다.♡ 말도 안 돼!ㅠㅠ열심히 해서 물리 만점 조교가 되는 건 어때?

	10월 28일
하루를 돌아 보며	엄마 아빠가 남은 기간 동안 배웠던 거 정리하라고 하셨다. 그리고 11월 모의고사도 보지 말라고 하셨다. 내가 불안한 만큼 부모님들도 불안하신가 보다. 인서울이 아니어도 좋다. 의대만 가자. '한 달 뒤면 가족과 괌에서의 크리스마스 파티를 계획하고 있겠지? 삼수는 힘들다. 그냥 올해 끝내자, 제발!'

특히 고3이나 수험생일 때에는 고민들을 친구들에게 털어 넣기보다는 플래너에 적는 것을 적극 추천한다. 그 시기에는 내가 고민을 털어놓는 친구 또한 같은 수험생의 길을 걷고 있기 때문에 마찬가지로 심리적으로 많이 불안할 것이고 내가 가지고 있는 고민을 친구도 가지고 있을 확률이 높다. 친구에게 고민을 말한다면 고민을 더는 게 아니라 불안함을 전파하는 결과가 될 수 있다.

내가 나에게 하고 싶은 말 뿐만 아니라 선생님이나 주변 사람들에게 들었던 조언이나 칭찬 또한 기록해 두어도 좋다. 이는 그 자체로 공부의 원동력이 되기도 한다.

**하루를
돌아 보며**

TO. 나현이에게

뭐든지 진심을 향해 가라는 말이 있다.

나는 네가 진심으로 모든 일에 임해주었으면 좋겠다.

힘들다는 거 안다. 하지만 너가 힘든 만큼 주변 가족들도 응원하고 힘들어 한다. 끝까지 풀어지지 말고 최대한 좋은 결과 이끌어 내자.

나현아~ 더 성숙해지자, 파이팅! :D

TIP

글을 쓰면 생각을 할 수 있고, 생각을 덜 수 있다

하루를 마무리하고 오늘 하루 공부의 총평을 적으면 내가 과연 오늘 공부를 열심히 했는지, 내가 공부하는 이유는 무엇인지 한 번 더 생각해볼 수 있다. 수행평가에서 어이없는 실수로 점수를 깎였다고 하자. 공부하다가 갑자기 점수 깎였던 기억이 떠오르고, 공부에 집중을 하려고 하지만 이미 머리 한 구석은 그 과목에 대한 생각이 자리잡고 있다. 그럴 때에는 차라리 미리 글로 적어서 털어버리는 편이 낫다. 왜 점수를 깎였는지, 앞으로는 어떻게 대비해야 할지. 지금 떠오르는 생각들을 아예 글로 다 정리해버리면 마음도 훨씬 편해질 것이고, 단순히 생각만 할 때보다 다음에 그 실수를 덜 할 확률이 높아질 것이다.

알림장처럼 추가 일정 작성하기

고등학교를 재학 중에는 특히 이것저것 대회도 많고 수행평가도 많다. 자율 동아리까지 꾸려서 활동하면 학기생활이 정말로 바쁘다. 제출 마감 날짜를 플래너에 표시해 두고 내가 언제 준비할지 또한 계획해놓자. 하루의 시작과 하루의 끝을 날마다 함께 하는 플래너이기 때문에 적어두고 내 스케줄을 관리하면 도움이 된다. 학생부종합전형을 준비한다면 공부와 학교활동 모두 놓치지 않도록 스케줄 관리를 잘 하자.

	추가 일정 작성
This week	[화] 건강조사서
	[목] 사진 2장 제출
	[금] 반장 선거
학습시간	4시간
실천도	★★★★☆
집중도	★★★☆☆
습(習) 자습(예습, 복습) 과제	▢ [복습] 문학, 생과, 미적, 영어B
	▢ 아침 자습 없어졌는지 확인
	▢ 탐구 토론대회 주제 이야기하기(with 승아)
	▢ 보건실 도우미 지원하기!
	▢ [자율학습] 체육, 중어, 영어B

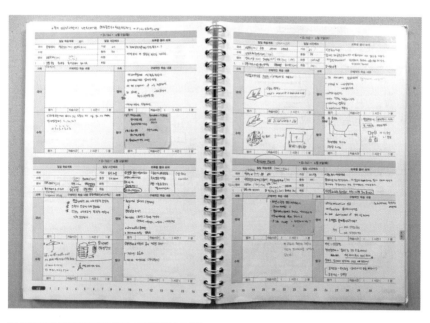

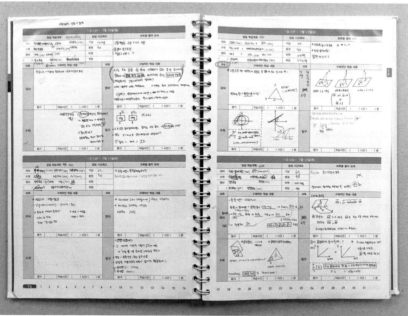

물론 스마트폰에 정리해 둬도 되지만 어떤 목적이든 간에 휴대폰 사용은 최소화하는 것이 좋다는 것도 염두에 두자.

시험이 끝나는 날에는 놀아야 한다? NO!

대망의 시험이 끝났다. 시험이 끝나는 날에도 놀지 않았는다는 건 물론 현실성이 없는 얘기라고 느낄 수 있다. 나도 3~4일간의 내신시험이 끝나고는 보상으로 그 당일에는 친구들과 놀거나 쉬기는 했다. 내신시험이 끝나고 보통 학교 수업 시간에 서술형 채점 확인을 하고 선생님께서 문제설명을 해주시기도 하기 때문에 분석은 그 이후에 해도 충분했다. 그러나 모의고사를 보는 날에는 끝나고 밥 먹고 곧바로 독서실에 갔다. 모의고사는 하루에 모두 치르고 보통 학교에서 따로 함께 분석을 하지 않기 때문에 그 당일에 나 스스로 분석을 하지 않으면 시험지의 문제들을 보면서 느꼈던 감정이나 흐름을 잊기 쉽다.

시험을 보고 나서 그 시험지를 분석하는 작업은 시험공부를 하는 것만큼이나 중요하다. 시험의 스타일을 분석하는 것과, 내가 어디에 취약한 지를 파악해야 다음 시험공부의 방향을 더 잘 잡을 수 있기 때문이다.

158~159쪽은 모의고사를 본 당일날 시험지를 보면서 문항별로 기억해둬야 할 피드백을 정리해놓은 것이다. 과목별로 시험을 치르

면서 들었던 생각과 느낌을 기록했다. 그리고 수능 당일에 읽어볼 주의사항을 종합해서 정리해 둠으로써 스스로에게 안정감을 줄 수 있었다.

D-day, 수능 당일 읽어라.

1. 마인드 관리 잘하기

내 실력에서 점수가 나오길 바라야지 헛된 기대 가지면 오히려 나 자신에게 부담을 줘서 망칠 수 있다. 작년에는 내신처럼 대했던 수능이라 올해는 작년과 매우 다를 수 있다. 수학 30번은 애초에 버리는 마인드로 가라. 사설 모의고사와 실제 수능은 다르다.

2. 끝까지 긴장감 놓치지 말기

달리기도 결선까지 전력 질주해야지 이긴다. 끝에 가서 속도 줄이려 하면 무조건 진다. 4교시에 출제되는 과탐이 내게 가장 취약하고, 가장 중요하다는 거 인지하고 끝까지 유념해서 풀자. 긴장감 풀리는 순간 끝이다.

3. 문제 정확하게 읽기

올해 7월부터 수학시험에서 문제를 잘못 읽는 대참사가 일어났다. 본인은 아니라고 하겠지만 누가 봐도 그건 자신감이 아닌 자만이다. 문제 날림으로 읽지 마라. '미분 가능한 f(x)'에서도 제일 중요한 정보를 끌어낼 수 있다. 문제는 정확히 읽으면 풀 수 있다는 생각으로 임하자.

5월 모의고사 영역별 분석 및 대응 방안				
국어영역 평가 96점		현대소설 -1문제 고전소설 -1문제	수학영역 평가 100점	문제를 두 번씩 풀었다. 그런데 과연 마지막 30번 문제까지 갈 수 있을까? 한번에 정확히 푸는 연습을 하자!
핵 심 문 항 오 답 분 석	20	글을 넓게 못 보는 경향이 없지 않나 싶다. 전체 주제와 내용, 구성 방향을 잡는 연습을 해보자.	핵 심 문 항 오 답 분 석	★ 함수 치역의 합이 4가 나올 확률을 묻는 문제에서 시간이 많이 소요된다.
	32 ~ 36	현대시와 현대소설 특히 현대시(역시)의 형식, 내용 문제 모두 어려웠다.		★ 확률 문제 29번에서 일정 부분은 제외하고 계산해서 끝나기 1분 전 답을 수정했다. 반성하자!
	41	'계절감을 환기하는 자연물'이지 '계절, 자연물'이 아니다. 선지도 꼼꼼히 읽자!		★ 30번 또한 답안 수정이 있었다. 반성하자!
	44	아는 시여서 1분만에 풀수 있는 문제였는데 실수했다. '화자가 자연 속에서 소박하게'에서 '자연 속'을 무시했다. 해당 시구가 모두 만족하는지 확인해야 겠다. ※[단어] 치부하다=여기다		

영어영역 평가 87점		33번 문제에 반전이 있었다. 주의하자!	탐구영역 평가 물리/ 생명과학		일단 계산 관련 문항들은 다 뛰어넘었다. 시험 시작 전 눈으로 푼 문제 중 하나는 틀렸다. • 뇌 속 정보 잘못 연결 • 종의 의미 • 빈도-밀도 제대로 읽기!
핵 심 문 항 오 답 분 석	33	듣기가 처음에 읽을 땐 답이 확실했지만 다시 보면서 헷갈려서 다른 답을 택했다.	핵 심 문 항 오 답 분 석		1과목 : 물리 42점
				6	또 상대성 이론을 틀렸다. 동시성의 상대성 문제, 대책이 필요하다.
				13	운동 방향 제대로 보자.
				19	돌림힘 관련 문제 빠르게 당황 않고 푸는 연습 필요하다.
				2과목 : 생명과학 45점
				1	생명체 구성 물질 분류 (예/아니오)에서 시간을 너무 끌었다. 그 이유는 'A가 B보다'를 'B가 A보다'로 착각했기 때문이다. 착각하지 말자!
				14	〈보기〉' I 에서~'나 'II 에서~'와 같은 보기 지문을 주의 깊게 잘 보자.

모의고사뿐만 아니라 고등학교 내신시험을 봤을 때나 수행평가에서 점수를 깎였을 때에도 그 이유를 적어놓았다. 아무리 그 시기에 이유를 파악했다고 해도 '기록'을 해놓지 않으면 금방 까먹기 쉽다. 공부가 안 될 때 가끔 이를 읽으면 자극이 되기도 하고 왜 공부를 해야 하는지에 대해 다시금 되새길 수 있다.

성적 관리표 작성하기

인강 사이트에서 받은 플래너에는 학교 시험 점수를 적는 페이지가 있었다. 많은 과목들의 중간고사 점수, 기말고사 점수, 수행평가

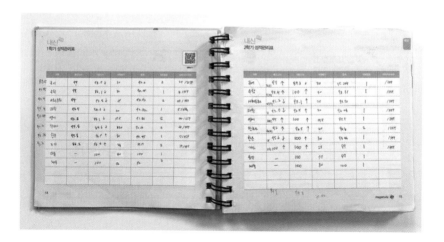

▲ 성적관리표를 작성하면 자신의 성적을 보기 쉽게 관리할 수 있어, 점수를 올리는 데 도움이 된다.

내신 1학기 성적관리표

과목	중간고사	기말고사	수행평가	석차등급	석차
국어	99	78.7 ↓	30	2	29/359
수학	99	86.1 ↓	30	1	8/359
사회문화	94	92.8 ↓	19	2	23/359
과학	96.5	94.3 ↓	20	1	5/359
영어	92.8	88.1 ↓	19.5	2	30/359
한국사	95.8	84.6 ↓	20	2	33/359
한문	95.8	96.9 ↓	30	1	7/359
기술·가정	86.2	96.4 ↑	28	2	17/359
미술	–	100	80	1	–
체육	–	100	72	2	–

내신 2학기 성적관리표

과목	중간고사	기말고사	수행평가	석차등급	석차
국어	97 ↑	89.3 ↓	30	1	8(3)/359
수학	95.4 ↑	100 ↑	30	1	7(4)/359
사회문화	91.2 ↓	93.1 ↑	20	1	29(6)/359
과학	93.7 ↓	96.5 ↑	20	1	11/359
영어	95 ↑	100 ↑	19.5	1	32(5)/359
한국사	92 ↑	94.5 ↑	20	2	74(4)/359
한문	95.6 ↓	100 ↑	30	1	20/359
기술·가정	100 ↑	100 ↑	29	1	1(8)/359
미술	–	100	77	1	–
체육	–	100	80	1	–

점수와 석차, 등급을 적는 일이 번거로울 수 있다. 성적표가 있는데 굳이 적을 이유를 찾지 못할 수도 있다. 그러나 나에게 성적관리표는 단순한 성적표와는 다른 의미였다.

1학기 기말고사부터 2학기 중간고사와 기말고사 옆에 그린 화살표는 직전 시험 대비 점수의 상승과 하락 표시이다. 석차와 동점자 수도 괄호 안에 적어놓았는데, 1등급을 위해서 점수를 얼마나 더 올려야 할지 예측할 수 있었다. 그에 따라 다음 시험에는 어느 과목에 더 비중을 두고 준비해야 할지 학습방향을 설정할 수 있었다.

06

스터디 플래너가 다양한
공부 무기가 되려면

시기나 상황을 고려하지 않고 무조건 한 가지 형식의 스터디 플래너만을 고수하는 것은 현명하지 않다. 전투를 할 때에도 상황에 따라서 권총, 소총, 기관총과 같은 다양한 무기를 쓰는 것처럼 대입이라는 목표로 가는 긴 과정에서 각 시기별로 가장 효율적인 플래너는 다르다. 이러한 차이를 잘 이해해고 그에 알맞은 도구를 선택하면 강력한 공부 무기가 된다.

단, 어느 스터디 플래너든 작성하는 목적은 동일하다. 실제 공부 방향과 수준을 점검하고 앞으로 공부 우선순위를 정확히 파악해야 한다. 매일의 공부 계획과 실제 달성 여부, 달성 수준 등을 자신이 알아보기 쉬운 형태로 꼼꼼하게 체크해 나가자.

| 오늘의 각오 한마디 | **오늘하루도 소중히!!** | | | | | |

*이정란 + 잔덕선점

| · D-300 | · 1월 22일 (금) |

	일일학습계획 / 목표	질문	멘토	특강	자습	인강	하루를 돌아보며
국어	· 의철체제 프린트 (18, 19쪽)	✓	10m				시간을 재보니 확실히 나의 학습불균형이 보이는 듯하다.
수학	· 연강모의프린트 · 4쪽,4쪽 틀린정리 (개념,한틀) · 수특 풀제-공간벡터 P.53~6-	O O X	41m 18m	오늘 재겠겠고 M쌤수학+각오			국어 언어 부족한거 같으면서 왜 그러는데 긴긴 국어도 선명좋쓰잠~
영어	· 영어단어 외기 (3강→8강) · 영어빈칸정리 P.53 6,10,11,12,13,16,17,20 · 영어서술형 + 평가원	O X O	2?m C느자에…수… 10m	단어들이 ① 풀때 따내기 괜찮다 풀고자 두기			나는 행복하다. 나는 행복하다. 나는 행복하다. 나는 잘 할수있다. 화이팅 ~ ♡
탐구1 ( )	· 영어이계 현상계해설로 대략훑		여선각해설 13분	〈순서배열문제푸는 방법〉 - 시간에 졸매이지 않고 최대한 꼼꼼히 하여 → 개념을 설정하라 B+C 같지?			
탐구2 ( )							
기타 (천재사)	고려말, 조선초기 정치부분 복습한 후제.	O	1h 6m				자습집중도 / 자투리시간 활용도 % / %

과목	구체적인 학습 내용	과목	구체적인 학습 내용
국어 10m	X 반성하라. C느는 과목광복을 하시 안았다. 숙제만 풀더니!! 〈기하와 벡터〉 상각형 넓이공식 S = ½ √[a⃗]²[b⃗]² - (a⃗·b⃗)² ※ 3a²+3β²+2αβ=0 에서 계수를 정수로 생각!	영어 1h 11m	오늘의 틀린 단어·꼼꼼망가기 - speculate 추측하다.짐작하다 - chronic 만성의 (↔chronological연대적인) - magnify 확장하다 - prolific 풍부한 - fortify 강화하다 - overthrow 타도하다.뒤짚다. ※ 강조구문 It be 명/부 that 이면 항상 강조!
수학 1h33h	〈확률과통계〉외우려 하지말고 익숙해 질 수 있도록! ① ⁿ∑ᵢ₌₀ (ₙCᵣ)² = ₂ₙCₙ ☆ ② ⁿ'ʳCᵣᵣCᵣ = ᵣ·ₙCᵣ ☆ → 증명은 모쪽 학통공책 참고.	탐구 1 기타 1h 6m	※ 선택지 정리한 해석 take regular breaks 규칙적 휴식 !! ⇒ 의미를 정확히 판단하라. ※ 오답클리닉-영어 빈칸 객관적으로 판단하기 irrigation 관개 = 물을 끌어들이는것 관개 ≠ 개간 !!

| 학습외
활동
사항 | 범점
3 | 2h 8m | 운동
A | 시간: 9h 40m | 병원
치료
86 | 시간: 4h 56m
사유: | 양호실
탁 | 시간: 3h 1m
사유: |

근묵자흑(近墨者黑) 나쁜 사람과 가까이 있으면 그 행실을 배우기 쉬움.
One mule scrubs another. 노새도 서로 문질러 긁어준다. 도둑도 의리가 있다.

44

▲ 재수 때 사용한 스터디 플래너. 오늘 공부한 내용을 정리하는 공간이 넓다.

★YAP복습!

오늘의 각오 한마디

근성을 지녀라. 끝까지 하자!!

| •D-299 | •1월 23일 (토) |

	일일학습계획 / 목표	질문	멘토	특강	자습	인강	하루를 돌아보며
국어	·의형체제 프린트(1줄 정리)-고전산문 ·의형체제 프린트(다음)-현대소설 ·의형체제 병전 프린트 풀-비문학, 시.	O O O	16m 10m 22m				★영어 프린트 수정하기. (○) 오늘은 좀 하루를 참한하게 보냈다. 하이때에서 배운것들을 정리해서 앞으로의 공부계획을
수학	·수학 영역테스트 문족보면 오답노트. ·수학-확 개정리+기본개념 ⊖ ·세미크로 학습 ⊖ 확호장마이기해!	O O O	7m 24m 1h 24m				세우기도 했고, ⟶ 남은 여기서의 시간을 어찌 보내는 것이 합리적일것을 생각하는 시간을 가졌다.
영어	·데일리테스트 (오세배열)오답해보 →병 상관된 빠르오검색하기 ·단어 암기 - 38.3단어	⟋ O	8m 27m				자기통제의 중요성을 다시 생각해 보게 되었고, 앞으로 학교가서도 여러 환경이 드러가니까. 휘둘려
탐구1 (생명)	·생물 프린트 풀기 - 작면0.9모의고사 ·생물 IV단원-자연속의 안간 복습하기 with 누드교재 연결되	O O	1h 48m				안는 사람이 되리라 다짐했다. 누가 외래도 아이위히로 가자!
수학 탐구2 ( )	·학숙과 통계 : 통계적 추정개념+문제 (정리가) ·하이퍼문제(다루) - 학숙-통계적 추정 ·일일테스트	O ⟋	거24.23m이 내일 이어하기 48m				
				자습집중도	자투리시간 활용도
기타 (정리)	①영어 모답노트를 만들까 감감하고민중 ②하이퍼에서배운 많은 충정거 하니 시간을 가득히 하며 → 깨끗하게 ③정효당과 계획세우기		2시간정도.		%	%

과목	〈의형체제-시〉 구체적인 학습 내용	과목	구체적인 학습 내용
국어 48m	★ 같은 행동이더라도 그 행동에 대한 평가4 느낌(긍/부)가 다르면 대조 라고 할 수 있다. ★ 시 나 소설문제를 풀 때 시간에 쫓겨 풀면 더 시간이 오래 걸린다는 것 알아두자. ⟹ 처음 읽을 때 제대로 풀자. 문제풀때 지문을 다시 볼 필요가 없도록 않이다. 앞으로 문제 풀때 지문은 한 번만 읽고 풀는 연습이되요!	영어 36m	★ 덕성이 항상 표면에만 드러나 있는 것은 아님(제시한것) → 내면상 (긍정) 또는 (부+긍)과 같이 어휘를 통한 덕성이 길을 수 있다! ★ fortify 강화하다.　자주 보고, ★ prolific 풍부한　자주 생각하기 ★ sacrifice 희생적인 ★ Sake 위험 목적. ★ seize 이해하다!!
수학 5h6m	〈어제 일일테스트 오답 → 확률과 통계〉 ★이항정리를 이용해 내자리를 구할 수 있다!★ ex) 8¹⁰을 40으로나눈것은? $8^{10} = (10-2)^{10} = {}_{10}C_0(10)^{10} + {}_{10}C_1 10(-2)^1$ $+ \cdots + {}_{10}C_{10} 10^0$ 여기서 ${}_{10}C_1 10(-2)^{10} \sim {}_{10}C_{10}(-2)^{10}$ 나누어 떨어지므로 1024 ÷ 40 만 하면 끝! ★결론: 이항정리는 자수가 높은 것이 이용될수 있다!	탐구 / 기타 1h48m	〈헷갈리는 그래프 해석〉→ 이번에 정확히 알아두자. <광합성〉: 순광합성량 이 0일때 (총광합성량 = 호흡량) <질소 고정 관련용어> ·질소가 암모늄 이온: 질소고정　·암모늄이온→질산화합물: 질소 동화작용 〃 〃 : 탈질소작용

학습외 활동 사항	국어 법치 2h 56 m	수학 운동	시간: 14h 52m	병원 진료 영어	시간: 사유: 5h 31m	양호실 당	시간: 사유: 4h 5pm

금과옥조(金科玉條) 금이나 옥과 같은 법률. 아주 귀중한 법칙이나 규범

One must crawl before he walks. 걷기 전에 먼저 길 수 있어야 한다. 걷기도 전에 뛰려고 한다.

긴 호흡의 공부를 준비하는 시기

방학이나 재수생활을 할 때를 의미한다. 이때에는 오늘 공부한 키워드를 작성할 수 있는 공간이 넓은 플래너를 선택하는 것이 좋다. 하루에 할 수 있는 공부량이 많기 때문에 무엇을 공부했는지, 그리고 무엇이 부족했는지 간략하게라도 정리를 해주면 기억에 더욱 오래 남는다.

짧은 호흡의 공부를 준비하는 시기

시험이 얼마 남지 않았을 때, 예를 들어 중간고사나 기말고사가 3주 정도 남거나 수능시험이 100일 남았을 때가 여기에 해당한다. 야구로 말하면 포스트시즌이나 마찬가지다. 야구도 정규 시즌에는 오늘 경기를 지더라도 긴 시즌을 생각하면서 팀을 운영하지만 포스트시즌에는 한 경기 한 경기가 중요하므로 작전이 달라진다. 시험을 앞둔 공부 역시 단기전 모드로 바뀌므로 하루하루를 단단히 챙기는 게 중요하다.

이때에는 많은 내용을 공부하기보다는 문제풀이 및 복습 위주의 공부가 주로 이루어지기 때문에 부피가 작아서 책상 위에 올려두고 실시간으로 확인할 수 있는 탁상 플래너를 사용했다. 한 쪽에 하루의 스케줄을 세울 수 있는 플래너로, 매일 그날의 일정에 집중할 수

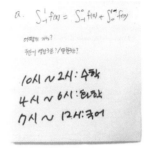

▲ 고등학교 내신시험 직전 주말 공부
계획을 적은 포스트잇. 최대한 간략
히 작성했다.

▲ 수능 약 한 달 전부터 사용한 플래너.
그날의 하루에 집중할 수 있다.

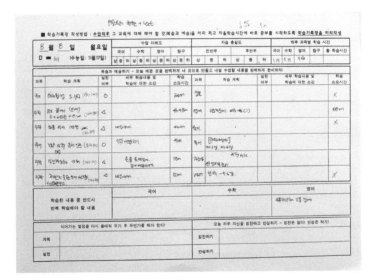

▲ 고등학교 3학년 여름방학 플래너. A4 종이 한 장에 하루의 계획을 적을 수 있는 양
식의 플래너를 여러 장 인쇄해서 매일 사용하고 파일에 모아두었다.

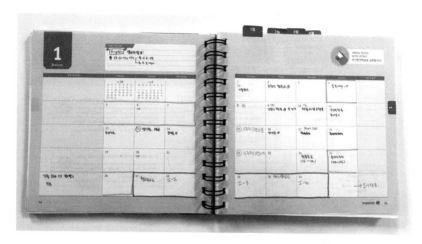

▲ 먼슬리 플래너에는 그 달의 계획이나 행사, 기념일을 기록했다.

있었다.

학교 내신 시험 하루 전날이나 시험 직전 주말에 해야 하는 공부는 간단히 포스트잇을 활용하자. 이때는 암기할 과목은 암기하고, 틀린 문제 다시 보고, 선생님께서 수업하실 때 사용한 프린트물과 교과서를 읽는 데 집중하자. 이때에는 해야 하는 공부량이 많지 않고, 공부를 해야 한다는 압박감을 스스로에게 주지 않아도 충분히 느낄 수 있는 시기이므로 최대한 간략하게 시간과 과목 정도만 정해 두었다. 포스트잇에 과목명만 적혀 있어 부실하게 공부하는 게 아닌가 싶지만 실제로는 각 과목마다 무엇을 봐야 할지가 머릿속으로 다 정리되어 있다. 시험을 앞둔 시기는 단기전이다. 야구로 말하면 포스트 시즌이나 마찬가지다. 야구도 정규 시즌에는 오늘 경기를 지더라도 긴 시즌을 생각하면서 팀을 운영하지만 포스트시즌에는 한 경기 한 경기가 중요하므로 작전이 달라진다. 시험을 앞둔 공부 역시 단기전 모드로 바뀌므로 하루하루를 단단히 챙기는 게 중요하다.

수능 전 마지막 방학

고등학교 3학년 여름방학은 수능 전 마지막 방학이다. 이 시기는 하루하루를 200퍼센트로 알차게 보내야 하므로 하루의 계획을 한 장에 빼곡히 적을 수 있는 플래너를 사용했다.

TIP

내가 준비하는 목적과 주어진 상황에 알맞은 플래너를 이용하자.

수능이나 학교 내신이 아닌 언어 자격증 공부를 한다고 가정한다면 매일의 공부 패턴이 같을 것이므로 이 때에는 굳이 학습 목록을 작성하는 공간이 넓은 플래너보다는 학습한 내용을 정리하는 공간이 넓은 플래너를 사용하는 것이 좋다.

예를 들면 행정고시처럼 공부할 수 있는 시간이 많지만 공부해야 하는 내용도 많은 상황이라면 최대한 계획을 세분화할 수 있는 플래너를 사용하는 것이 좋다. 시간대별로 계획을 작성할 수 있는 플래너가 도움이 되기 때문이다. 꼭 문구점에서 구매할 수 있는 플래너가 아니여도 포스트잇이나 A4 종이를 활용할 수도 있다.

성공하는
고등학교 1·2·3학년
공부 전략

간혹 고등학교 1학년 1학기 중간고사를 망치고 나서 나는 정시만 파겠다며 학교 수업은 아예 안 듣고 문제집을 풀고 싶다고 얘기하는 학생이 있다. 그러나 고등학교 3학년이 되었을 때 자신에게 가장 유리한 전형이 무엇이 될 지는 아무도 모른다. 결국 고등학생은 챙겨야 할 게 너무 많다. 학교 시험, 수행평가, 수능준비, 비교과활동, 필요할 경우 논술준비까지. 입시 방법이 단순하고 길이 하나밖에 없었을 때는 그 길만 그냥 따라가면 되었지만, 이제는 선택할 수 있는 여러 가지 길이 있다는 게 오히려 우리를 고민스럽게 만든다. 이를 걱정하는 친구들에게 다음과 같은 고등학교 3년 동안의 커리큘럼을 제안한다.

고등학교 1학년

비교과 활동은 충분히, 내신 관리에 몰두하자

시간적으로 여유 있는 1학년 때 참여할 수 있는 비교과 활동은 최대한 참여할 것을 권한다. 고등학교 2학년과 3학년 때에는 비교과 준비에 들일 시간이 부족할 수 있다. 수학 선행은 현행 내신에 방해받지 않을 정도로만 해도 좋다.

고등학교 1학년은 굳이 모의고사 점수를 챙길 필요가 없다. 고등학교 3학년 때 수능에서 볼 시험의 범위가 완전히 다르기 때문이다. 모의고사 대비를 할 바에야 내신시험을 더욱 열심히 준비하라고 하고 싶다. 굳이 대비하고 싶다면 영어를 우선적으로 하고, 더 하고 싶다면 국어 비문학을 연습해라. 실제로 학교에서 배우는 고2, 고3 과정의 국어 문학과 문법은 수능 내용과 겹쳐서 이후에 도움이 되므로 문학과 문법도 급하게 생각하지 않아도 된다.

고등학교 2학년

비교과 활동은 꼭 필요한 것만! 내신·수능 준비하자

고등학교 2학년은 '선택'과 '집중'이 필요하다. 1학년 때 출전할 수 있는 거의 모든 대회에 출전했다면 2학년부터는 진로와 관련 있는 대회에 출전하자. 또한 2학년부터는 학교에서 배우는 내용과 수능 출제범위가 겹치기 시작하므로 수능과 내신을 함께 준비할 수 있게 된다. 특히 과학탐구·사회탐구, 국어, 일부 수학은 범위가 겹치므로 학교 시험을 준비할 때 모의고사나 수능 기출 문제로 연습해보는 것도 좋다.

1학년 때 원하는 만큼 내신 성적을 받지 못한 친구들은 아예 교과점수가 반영되는 전형은 포기하는 게 낫다고 생각할 수 있다. 내신을 포기하는 것을 그리 추천하지는 않지만 1학년 때의 성적이 2, 3학년 때 아무리 잘해도 회복이 불가능하다는 생각이 든다면 정시전형 혹은 내신 반영이 없는 논술전형으로의 집중이 필요할 수도 있다.

고등학교 3학년

내신 공부 최소화, 수능 대비에 집중하자

고등학교 1, 2학년 때의 내신시험을 본격적으로 대비하는 기간이 한 달이었다면, 3학년 때는 3주 내외로 잡는 것이 좋다. 2년간 준비해본 경험으로 내신에 들이는 시간은 최소화하고 수능 준비 위주에 집중하자. 또한 시간을 투자해서 나가야 하는 대회는 신중히 고려해서 출전하도록 하자.

지속적인
자기평가를 위해
스터디 플래너는 필수!

장지호
한양대 의대 16학번(본과 2)

스터디 플래너는 반드시 작성해야 할까요?

우선, 형식과 방식을 막론하고 제가 기억하기로 제 주변의 일명 '공부를 잘하는 학생'들은 모두 스터디 플래너를 사용했던 것 같습니다. 그만큼 수험생 시절에 있어서 스터디 플래너가 주는 의미와 역할은 매우 크다고 생각합니다.

추천할 만한 스터디 플래너 작성법은?

추천해드리고 싶은 것은 자기평가입니다. 자기평가란 '오늘 하루에 대해서 스스로 내리는 평가'라고 정의내릴 수 있습니다. 스터디 플래너는 오늘 할 일을 간략하게 정리하는 목적도 있지만, 저는 그보다 더 중요한 목적이 있다고 생각합니다. 바로, '오늘 하루를 난 열심히 살았는가?'에 대한 스스로의 진지한 고찰입니다.

즉, 스터디 플래너를 쓰는 것 자체도 중요하지만 한 발자국 더 나아가, 자기반성을 통해 하루하루를 반성하고 더 전진하는 것 또한 대단히 중요하다고 생각합니다.

'자기평가'에 대해 좀 더 자세히 이야기해 주세요.

자기평가는 단순한 일기와는 다릅니다. 자기평가는 '오늘은 수학을 예상보다 많이 공부하지 못했군!'이나, '오늘은 진짜 공부 잘됐다. 대박인데?'와 같은 짧은 토막글이 될 수도 있고, 아니면 이보다 더 짧은 점수기록이 될 수도 있습니다.

이것은 아주 작은 행동 변화입니다. 하지만 이렇게 소소하게라도 자기평가를 했다는 것을 인지하는 순간 여러분들의 뇌는 의식적으로 어제보다 더 나은 성취를 얻기 위해 자연스럽게 노력할 것입니다.

수능이란 긴 마라톤을 달리는 것과 같습니다. 하지만 우리는 지금 얼마의 속도로 달리고 있는지조차 제대로 알아차리지 못하는 경우가 많습니다. 자신의 속도를 먼저 알고 그 변화의 기준을 스스로에게서 찾는 것이 중요하다고 생각합니다. 오늘부터 스스로의 속도를 진지하게 매일 평가해보는 것은 어떨까요?

수험생 시절을 어떻게 보내셨나요?

결론부터 말씀드리자면 '어떤 시간이든, 매 순간순간 최선을 다했다'라고 말할 수 있겠네요. 수험생에게 도움이 되었으면 하는 바람으로 제 수험생 시절을 이야기해드려요.

① 하루를 시작하는 작은 습관, 신문 읽기

저의 하루는 아침 7시에 일어나서 신문을 30분 동안 읽는 것으로 시작했습니다. 사실 신문을 읽는 습관은 고3 수험생이 아니라면 다른 분들께는 진심으로 추천해드리고 싶은 좋은 습관입니다.

신문을 보는 습관은 국어의 비문학 분야를 쉽게 다룰 수 있게 해줄 뿐만 아니라 전체적인 지식의 폭을 넓혀주기 때문입니다. 저는 수능 전날까지 매일 신문을 읽는 습관이 있었고 덕분에 비문학 공부는 크게 하지 않아도 되었습니다. 그리고 대학생이 된 지금도 신문 대신에 기업부설 경제연구소나 증권사에서 작성한 리포트를 읽고 있습니다.

이렇게 하루를 시작하는 작은 습관이 있다면 이전보다 더욱 철저한 시간관리 개념이 들어가 있는 하루를 시작하게 될 것입니다.

② 스쿨버스 타는 시간엔 영어 지문 암기

그렇게 신문을 다 읽고 나면 스쿨버스를 타고 학교에 갔습니다. 참고로 학교가 집에서 다소 멀어서 20분 정도 스쿨버스를 타야 했습니다. 스쿨버스를 타는 시간에는 반드시 공부를 했는데 대체로 영어 교과서의 지문을 암기하는 시간으로 활용했습니다.

제가 수능을 보는 시기는 EBS 교재 반영률이 70%에 육박하던 때였기 때문에 수능 전까지 제 목표는 EBS 교재의 모든 지문을 완벽히 암기하는 것이었고 특히 내용이 많지 않은 영어 교과서의 경우에는 지문을 다 암기했습니다.

물론 EBS 교재를 다 암기할 필요는 없지만, 적어도 영어 교과서만큼은 지문을 암기한다면 빈칸 뚫기나 순서 맞추기와 같은 다양한 문제들에서 시간을 매우 절약할 수 있기 때문에 정말로 좋은 효과를 낼 수 있었습니다.

③ 점심시간도 그냥 흘려보내지 않았다

고등학교 1학년 2학기가 되고 나서, 우연히 이웃 학교 전교

1등 학생이 점심 급식을 신청조차 하지 않고 매 점심시간을 빵으로 때우면서 1시간 내내 공부만 한다는 소문을 들었습니다. 그때 큰 충격을 받아서 중간·기말고사를 앞둔 3주일 동안은 점심을 일찍 먹고 점심시간 동안 열람실에서 공부를 하고 왔습니다.

지금 생각하면 제가 "과연 최선을 다해서 공부했는가?"라는 질문을 받는다면 "그렇다"라고 쉽게 대답할 수는 없겠지만 적어도 스스로 매일매일 더 나아지기 위해서 노력했던 것 같아요.

수험생 여러분들도 지금은 완벽하지는 못하더라도 어제보다 더 나은, 그리고 주변의 친구들을 통해 더 발전될 수 있는 고교 시절을 보내시기를 바랍니다.

④ 가장 공부가 잘 되는 환경을 알자

제가 다닌 고등학교는 대전에 있는 일반계 고등학교로 일명 '정시형에 강한' 고등학교였기 때문에 매일 야간자율학습을 10시까지 하는 게 학교의 전통이었습니다. 하지만 저는 매일 국립대학교 도서관에서 공부를 하기 시작했습니다. 국립대학교 도서관은 24시간 동안 열람실을 운영하는 일부 지역은 일반인도 들어갈 수 있었기 때문에 제가 가장 좋아 하는 자리에서 공부를 할 수 있었습니다.

운동 선수들은 자신이 가장 운동이 잘 되는 장소를 잘 알고 있다고 합니다. 수능이라는 마라톤, 내신이라는 100미터 달리기를 준비하는 여러분들도 자신이 가장 공부를 잘할 수 있는 환경을 일찍 깨닫는 게 얼마나 중요한지 알면 좋겠습니다.

⑤ 몰입의 중요성

결국 수험생 생활에서 시간관리란, 바로 '몰입'입니다. 단순히 중·고등학생들에게만 필요한 것이 아니라 대학교에 입학해서 공부를 하거나, 사회에 나가서 일을 하거나, 그밖에 어떠한 역할을 맡을 때에도 적용되는 것이기 때문에 지금부터 몰입에 대한 좋은 습관을 들이시라고 강조하고 싶습니다. 저 역시 대부분의 수험생들처럼 하루 종일 공부만 하는 학생는 아니었습니다. 사실은 의대에 입학하여 매주 힘들게 공부하고 있는 지금도 그렇습니다.

하지만 이 몰입이라는 기제는 너무나도 중요해서 공부를 하거나 일을 할 때 다른 사람들은 6시간 걸릴 일을, 4시간 안에 끝낼 수 있게 해 줍니다. 바로 일의 능률을 높여주는 것입니다. 몰입을 통해 추가 시간을 확보할 수 있고 이 시간을 다른 일에 재투자할 수 있는 기반을 마련할 수 있습니다.

몰입의 방식은 매우 간단합니다. 마치 극장에서 주인공에게만 스포트라이트를 주는 것처럼 바로 내 앞에 있는 것에 모든 집중력을 100% 스포트라이트를 주는 것입니다. 수학 문제를 풀든 과학 문제를 풀든, 다른 감각은 최소화시키고 이 문제를 풀기 위한 감각과 집중력들만 최대화하는 것입니다. 몰입을 통해서 오늘 할 공부를 빨리 끝내버리고 편안하게 웹툰을 보거나, 노래를 듣거나, 산책을 하는 것은 어떨까요?

수험생 후배들에게 해주고 싶은 조언이 있다면?

의대에 들어와서도 수험생 이상의 공부를 하게 됩니다. 다만 수험생 때와 다른 점이 있다면, 수험생 때에는 '문제를 안 틀리기 위해서' 다소 적은 부분을 공부하는 반면 의대에서의 공부는 '대량의 정보를 단기간에 외우는' 즉, 많은 양을 머리 속에 많이 넣는 공부입니다. 의대에서도 공부는 매우 힘들고 공부량 자체는 고교시절에 절대로 상상하지 못할 정도의 수준입니다. 그럼에도 불구하고, 누군가 저에게 "수험생 때랑 의대 본과랑 어느 게 더 힘들어요?"라고 묻는다면 저는 언제나 "수험생 때요"라고 대답합니다.

네. 수험생은 힘듭니다. 11월에 한 번 있는 시험을 위해서, 한 문제를 더 맞추기 위해서 수만 문제를 풀어야 하고 그 수만 문제의 노력도 단 한 순간의 실수로 모두 허사가 되기도 합니다. 수능이라는 시험은 환경의 영향을 매우 크게 받기 때문에 다양한 상황이 발생하기도 합니다. 제 주변 친구의 경우 매번 모의고사에 만점에 가까운 성적을 받았지만 수능

날 감기에 걸리는 바람에 지금껏 봤던 시험 중 가장 안 좋은 성적표를 받았다고 합니다. 저 역시도 수능 날 장염에 걸리는 바람에 다른 의대의 최저만 간신히 맞추고 지금껏 가장 안 좋은 성적을 받았습니다.

이토록 수능은 매우 다양한 변수들이 존재하고 시험을 준비하는 과정조차 매우 힘든 시간입니다. 이러한 예기치 못한 상황도 닥칠 수 있다는 사실을 충분히 염두에 두고 시험장에 들어가시기를 진심으로 바랍니다.

공부를 하다 보면 정말로 힘들어서 내 앞에 있는 문제집을 다 버리고 싶을 때도 있을 것입니다. 하지만 자신의 꿈을 위해서, 그리고 그 꿈을 이루면서 세상에 더 좋은 역할을 하는 여러분 자신을 상상하면서 힘든 수험생 시절을 그 누구보다도 열심히 공부하여, 훗날 추억으로 남겨 보는 것은 어떨까요?

어차피 한 번은 봐야 할 시험입니다. 스스로가 잘했다고 칭찬해줄 만큼 열심히 준비합시다. 여러분들께서는 분명히, 반드시, 해내실 수 있습니다. 항상 파이팅하세요!

해외 의대생의
특별한 공부법과
해외 의대 생활

송지현
뉴질랜드 오타고 의대
15학번(본과 3)

자신만의 특별한 암기법이 있나요?

짧은 시간에 많은 양을 외워야 할 때는 너무 지치잖아요. 책상 공부가 지겨울 때 앱을 사용하면 산책하면서나 소파에 누워서도 공부할 수 있답니다.

〈Anki〉, 〈Quizlet〉이라는 앱인데요. 실제로 전 세계 의대생들 사이에서도 많이 쓰이는 앱이고, 장기 기억으로 저장하는 데 효과가 좋아요. 많은 임상 실험에서도 검증된 능동적 회상을 이용한 방법이에요. 연구 결과, 반복적인 시험은 반복적인 공부보다 더 우수한 효과를 낸다고 결론을 내렸는데요. 문제를 풀어서 틀린 건 잘 까먹지 않는 것처럼 반복적인 시험을 이용하면 읽거나, 줄치거나 하면서 하는 공부보다 더 오래 남는 것 같아요. 특히 달달 외워야 하는 암기 과목들에게 적극 추천입니다.

개념을 다른 사람에게 설명할 수 있을 정도로 완전히 이해한 후, 앱을 써서 모르는 개념을 단어 칸에 적은 후에 설명을 뒷면에 적었습니다. 제가 직접 학습 세트를 만들어야 한다는 귀찮은 과정이 존재하지만 만들면서도 어느 정도 정리도 되고 공부가 돼요. 이걸 필기용으로 쓰는 친구들도 있어요. 저는 이 앱을 시간을 저축하기 위해서 버스나 등하교 시간 때 혹은 자기 전에 많이 이용했습니다.

이외에도 예전에 썼던 방법들을 정리를 해보면요. 어제 배운 걸 다음날 아침에 A4 용지에 써보는 거예요. 그리고 어제 공부한 부분을 펴서 밤새 까먹은 내용을 다른 색 펜으로 채우는 걸 반복하면 공부한 것이 조금 더 오래가요. 조금 바꿔서 책을 덮고 A4 용지에 제가 아는 모든 걸 총동원해서 필기를 합니다. 그리고 다시 강의안이나 참고서를 보면서 다른 색 펜으로 채우면서 반복했습니다.

투자되는 절대적인 시간량과 지속적인 꾸준함이 수반이 되어야 원하는 결과를 얻을 수 있다고 생각해요. 재능이 없어도, 학습의 속도가 달라도, 지루해도 계속 반복을 하면 이해가 안 갔던 부분들도 다 내 것이 언젠가는 되더군요. 하루 이틀의 노력이 쌓여서 언젠가는 더 크게 다시 돌아올 거라고 믿습니다. 성적만큼 보다 진실된 성과는 없다고 생각합니다.

해외 의대 생활은 한국과 어떻게 다른가요?

한국에서 의대를 다녀본 적이 없어서 한국이랑 비교는 할 순 없지만, 분위기는 굉장히 자유로운 거 같아요. 다민족 국가이 기 때문에 그만큼 문화 차이와 개인의 다양성을 존중을 받는 느낌입니다. 인종만큼 나이대도 20대 초반부터 40대까지 다 양합니다.

본과 2학년부터는 실습 위주로 학교를 다닙니다. 실제 강의 는 주 10~20시간이 있고 나머지는 회진, 외래 진료 참관, 수 술 참관, 환자 문진 등 대부분 실습을 하면서 보냅니다. 한국 에 비해선 실습 시간이 확실히 많은 것 같아요. 산부인과 같 은 경우는 한 임산부를 임신 기간 동안 따라다니면서 같이 정기 산전의 진료도 받으러 가고 분만 때도 어시스트를 서 고 그리고 아이가 어떻게 자라는지 가까이 관찰하면서 임신 과정을 포괄적인 방면에서 배운답니다.

수업도 강의식이 아니라 토론식으로 진행됩니다. 어떤 수업 은 교수님이 강의안 없이 들어와서 어떤 주제에 대한 질문 을 학생들에게 던져요. 교수님은 그냥 지도만 할 뿐 학생들 의 토론과 학생들이 질문하는 대로 수업이 흘러갑니다. 어떤 수업은 아무런 답을 찾지 못하고 끝나기도 하죠. 이렇게 학생 참여도가 굉장히 높은 수업들이 많아요.

처음에는 효율적이지 못한 수업이라는 생각에 별로 달갑지 않았는데 돌이켜보니 자유롭게 열린 공간에서 서로의 생각을 공유함으로써 현재 의료 시스템이나 치료법에 질문을 던지고 생각해 볼 수 있는 기회가 많았다는 생각이 드네요.

그렇다 보니 자연스럽게 내가 흥미로워 하는 분야는 뭔지 더 알게 되고 찾을 수 있었어요. 관심이 가는 분야는 제가 더 탐구하도록 기회를 주어서 더 재미있게 공부를 할 수 있는 분위기를 만들어 주는 게 가장 큰 메리트가 아닌가 싶습니다.

본과 4학년 때는 무려 3개월 동안 세계 어디든 원하는 곳에 가서 실습을 돌 기회가 주어져요. 어떤 동기들은 세계 곳곳, 영국, 남미, 일본 등등 자기가 원하는 곳에 갑니다. 제 동기들 중 몇 명은 내년에 옥스퍼드에서 평소 관심이 있었던 학과와 명성이 높은 외과의사들 아래로 실습을 하러 간다고 합니다. 어떤 학생들은 후진국에 3개월 동안 봉사하러 가기도 하고요.

어떤 의사가 되고 싶나요?

요즈음 가치관이 많이 바뀐 것 같아요. 예전에는 '그 분야에서 최고의 의사가 되고 싶다' 혹은 '이국종 교수님처럼 되고 싶다' 같은 생각이었지만 지금은 선한 영향력을 끼치면서 살고 싶어요. 하루하루 누군가가 나로 인해 조금이라도 안정을 찾거나 웃는다면 그것만큼 기쁜 일은 없지 않을까요?

어떤 의사가 되기보다는 어떤 사람이 되고 싶다가 요즘 저에겐 더 편하고 마음을 설레게 하는 느낌이에요. 제 분야에서 최고가 될 자신도, 욕심도 없고 그냥 두루두루 둥글게 남들보다 즐기면서 남들만큼만 잘하고 싶어요.

3장

———

단기간 효율을 높이는
암기법·멘탈 관리

'암기'해야
'이해'하기 쉽다

모든 공부에서 암기는 필수다

공부란 1차 지식을 받아들여 2차 지식으로 만드는 것이다. 1차 지식을 받아들이는 과정은 새로운 분야의 새로운 지식을 만나는 것이다. 이 생소한 지식을 익숙하게 만들고, 이해하고, 주변의 다른 개념과 지식을 붙여서 2차 지식으로 만드는 게 공부다.

1차 지식을 받아들이고 이 지식을 익숙하게 만들려면 어떻게 해야 하는가? 그에 필수적인 과정이 암기다. 예를 들어 수학 공부를 생각해 보자. 많은 사람들이 수학은 암기가 아니라 이해 과목이라고 말한다. 하지만 오랜 경험에 비추어 보면 수학 공부 역시 암기를 기반으로 해야 한다.

우리는 수학 공부에서도 1차 지식을 받아들이게 된다. 예를 들어 근의 공식을 배운다고 해보자. 근의 공식을 처음 배울 때에는 근의 공식이 나온 과정과 근의 공식의 필요성, 근의 공식이 무엇인지를 배운다. 하지만 그저 이해하는 것만으로는 1차 지식에 머무르게 된다. 예를 들어 이해는 했는데 공식 자체를 잊어버렸다면 어떻게 될까? 익히고 익숙해져야만 머릿속에서 2차 지식으로 발전시킬 수 있다. 아무리 이해과목이라 해도 암기를 통해 뇌에서 익숙해져야만 2차 지식으로 넘어갈 수가 있다.

다들 초등학교 시절에 구구단을 외운 기억이 날 것이다. 구구단을 굳이 외워야 할까? 외우지 않아도 곱셈의 원리만 알면 구구단이 아니라 구십구단 곱셈 문제도 풀 수 있다. 하지만 실제로 우리는 구구단을 외우고 구구단이 익숙해지고 나면 좀 더 곱셈의 원리를 쉽게 이해하게 된다.

연역적 공부법과 귀납적 공부법

학습법은 크게 두 가지로 나눌 수 있다. 연역적인 학습법과 귀납적 학습법이다. 연역적인 학습법이란 어떤 대원칙을 배우고 나서 사례로 넘어가는 공부법이다. 일반적인 공부법은 연역적인 공부법을 따른다. '사람은 언젠가 죽는다'는 명제를 배웠다면, 우리는 다음과 같은 생각을 할 수 있다. '이기준은 사람이다' 그렇다면 '이기준은 언젠가 죽는다' 이것이 연역적인 공부법이다. 즉, 대원칙을 배우고 나서 개별 사례를 공부하는 것이다.

반대로 귀납적인 공부법은 '사람 1은 언젠가 죽더라'와 '사람 2도 언젠가 죽더라'를 통해서 '사람은 언젠가 죽는구나'를 깨닫는 것이다. 즉, 개별 사례들을 공부함으로써 대원칙을 발견하는 공부법이다.

귀납적 방법으로 공부를 하게 되면 개별 사례들이 익숙해지기 때문에 공부가 좀 더 쉬워지는 경향이 있다. 예를 들어, 〈불멸의 이순신〉이라는 드라마를 보고 나면 이순신 장군이 나오는 임진왜란 부분의 공부는 좀 더 익숙하게 느껴져서 난이도가 낮아지게 된다. 임진왜란이라는 전체적인 개념을 먼저 공부하는 연역적 방법은 딱딱하고 지루하게 느껴질 수 있지만, 흥미롭고 재미있는 개별 사례를 먼저 접하는 귀납적 공부법이 난이도를 낮추는 효과가 있는 것이다.

결론 내리면 개별 사례를 재밌게 암기하면 공부가 훨씬 쉬워진다. 익숙해져야 2차 지식으로 넘어가기 쉽기 때문이고, 들어본 적이 있거나 익숙할수록 상대적으로 공부하기가 쉽기 때문이다.

암기에 대한 중요성을 질리도록 강조하는 이유는 모든 공부에서 암기는 필수고, 대부분의 사람들은 암기를 귀찮은 과정으로 생각하기 때문이다. 상대적으로 암기를 회피하지 않는다면 성적을 올리는 지름길을 찾기 수월할 것이다.

02

암기의 원리,
반복과 연결

장기 기억으로 가는 과정

기본적으로 사람은 망각의 동물이다. 만약 모든 기억을 다 잊지 못한다면 그만한 비극이 또 있을까? 모든 사람은 기억을 잊을 수 있기 때문에 앞으로 나아갈 수 있다. 이렇듯 망각은 신의 축복이지만 공부에서는 그렇지 못하다. 사람은 망각하는 대신 다른 하나의 축복을 가지고 태어났는데 바로, 회로의 연결이다. 사람은 각기 다른 정보들을 서로 연결해내는 능력이 있다. 따라서 이 능력을 이용하면 암기하는 데 큰 도움이 된다. 이제 본격적으로 암기와 기억에 대해 탐구해 보자.

'암기'란 무엇일까? 사전적인 의미로는 '외워서 잊지 아니함'이라는 뜻이다. 먼저 암기가 어떻게 이루어지는가를 과학적으로 접근한 뒤 그 원리를 바탕으로 암기법을 소개하고자 한다.

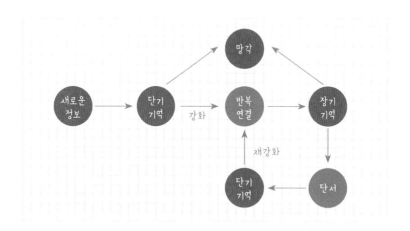

암기라는 것은 어떠한 정보가 들어와서 단기 기억이 된 다음, 이것이 강화되어 장기 기억으로 가는 과정을 뜻한다. 단기 기억에서 장기 기억으로 가기 위해서는 어떤 실마리를 통해 단기 기억을 강화하고 반복하는 과정이 필요하다.

이 과정에서 가장 중요한 점은 역시 반복 · 연결이다. '앞글자만 따서 외워라', '단어마다 스토리를 만들어서 연결하라'와 같은 말을 많이 들어 보았을 것이다. 이런 기억법의 의미는 모두 '연결'이라는 요소에 기반을 두고 있다. 그럼 어디에 연결해야 할까? 이미 익숙하게 느끼고 있거나 이미 장기 기억이 된 부분으로 연결하면 암기가 쉽게 될 것이라는 것을 알 수 있다.

더불어 암기는 '단서'를 통해 다시 한번 각인된다. 많은 매체에서 공부에 대해 다룰 때, 책상 앞에 붙여둔 포스트잇이나 화장실에서도 보는 단어 카드 등이 꽤 효과를 발휘하는 것을 보았을 것이다.

정리하자면, 우리는 새로운 정보를 통해 단기 기억을 만들고, 이를 강화하기 위해 반복·연결 짓는다. 이런 방법을 통해 장기 기억이 되면 단서를 통해 다시 이 기억을 강화시킨다. 화장실에 포스트잇을 붙이거나 책상에 붙이는 것은 단서를 계속해서 제공하는 방법이다. 장기 기억에서 망각의 과정 중에 자꾸 단서를 주어 반복하게 되면 장기 기억이 더 강해지는 것이다. 따라서 자주 눈이 가는 곳에 내가 외워야 할 것을 배치하면 암기에 도움이 되는 이유를 이해할 수 있다.

반복과 연결을 활용한 암기법

암기의 핵심은 결국 반복과 연결에 있다고 말한 바 있다. 그렇다면 반복과 연결의 관점에서 어떻게 하면 암기를 잘할 수 있을지 생각해 보면, 암기법이 완성된다.

먼저, 반복의 관점에서 암기를 보자. 위의 포스트잇 사례처럼 화장실이나 책상 앞과 같이 자주 눈이 가는 곳에 외워야 할 것을 배치함으로써 반복하는 방법이 있다. 또 다른 방법은 계속해서 써 보는 것이다. 주로 보통 단어 암기 후에 시험을 보듯이 여러 번 써보는 것이 반복의 한 가지 방법이다. 이 때, 팁이 있다면 한 가지 방법이 아닌 여러 방법을 통해 반복할수록 암기가 잘 된다. 글로 써보고, 소리를 내보고, 몸짓으로 표현해 보고, 눈으로 보자. 반복은 지루하고 시간도 많이 들어 쉽지 않다. 따라서 이처럼 여러 가지 방법을 사용하면 더 오래 기억에 남고 반복이 가져오는 지루함의 덫에 사로잡히지 않고 암기를 할 수 있다.

필자가 추천하는 방법 중 하나는 같은 내용을 담은 여러 권의 책을 보라는 것이다. 예를 들어 단어를 외우더라도 한 가지 책에서 한 단어를 보고 그 뜻을 외우는 데서 그치지 말고 인터넷에 검색을 해보면 단어와 예문을 찾을 수 있다. 다양한 방법을 통해 여러 번 단어를 접하게 되면, 기억의 형태가 다양화되면서 더욱 암기가 잘 된다. 이 방법을 다른 공부에도 적용할 수 있다. 예를 들어 의대의 내과 공부를 한다면 교과서 한 번, 기출문제 한 번, 유튜브에 해당 강의 영상을 한 번 보는 식으로 반복 학습을 했다.

아직도 기억이 나는 사례가 있는데, 본과 1학년 때 폐렴에 관한 항생제에 대해서 배운 적이 있는데 책 말고도 약 15분 정도 되는 유튜브 강의를 찾아서 보았다. 적어도 이 영상을 10번은 본 것 같은데 본과 3학년에 나온 시험에서 2년 전에 공부했던 내용이 기억나서 문제를 수월하게 풀 수 있었다. 여러 매체를 통해 기억하면 더 오래 남을 수 있으니 이를 적극 활용하자.

고등학생이라면 수학 공식 하나를 공부할 때도, 교과서, 인강 교재, EBS 교재를 본다고 치면 벌써 3번을 반복하는 것이다. 특히 수학은 해당 공식을 외우고, 그 공식을 사용하는 문제를 함께 풀면서 외우면 더 기억이 오래 남는다.

이번에는 연결의 관점에서 보자. 이미 알고 있는 지식에 새로운 내용을 추가해서 이해하는 경우를 생각해 보자. 만약 A라는 지식을 알고 있다면, A-B, A-B-C와 같은 식으로 점점 지식을 확장해 나가는 것을 연결의 과정에서 암기라고 할 수 있다. 또는 앞글자만 따서 앞글자만 반복을 통해 외운다면 의미 없는 말처럼 보이는 암기법이 내게는 강력한 암기 도구가 될 수가 있다.

가장 대표적인 예시는 화학 원소기호 외우기이다. 원소기호 1번부터 수(수소), 헤(헬륨), 리(리튬), 베(베릴륨), 붕(붕소), 탄(탄소), 질(질소)와 같은 식으로 앞글자만 따서 외운다. 이 방법은 아마도 이미 다양한 과목에서 활용하고 있는 사람들이 많을 것이다.

뼈대를 세운 뒤에 여기에 살점을 붙여서 외우는 것을 방법도 효과가 크다. 예를 들어 보자. 만약 내가 새로운 반에 들어가서 10명의 새로운 친구가 생겼다고 가정하고, 이 친구들의 특징을 암기한다고 생각해보자.

그렇다면 '김 씨 : 3명, 이 씨 : 3명, 박 씨 : 3명, 최 씨 : 1명' 이런 식으로 큰 분류를 먼저 한다. 그리고 김 씨에 김 1, 김 2, 김 3의 이름을 외우고 김 1의 특징, 김 2의 특징, 김 3의 특징을 외우는 식으로 점점 뼈대에서 살을 붙여나가는 식으로 외운다.

이후에는 이 씨의 3명, 박 씨의 3명, 최 씨의 1명을 마저 살을 붙여서 외우게 된다.

김 씨 : 3명	- 김 1 : 안경 낌 - 김 2 : 키가 큼 - 김 3 : 똑똑함
이 씨 : 3명	- 이 1 : … - 이 2 : … - 이 3 : …
박 씨 : 3명	- 박 1 : … - 박 2 : … - 박 3 : …
최 씨 : 1명	- 최 1 : …

김 씨 : 3명
이 씨 : 3명
박 씨 : 3명
최 씨 : 1명

첫째 날

김 씨 : 3명   - 김 1
            - 김 2
            - 김 3
이 씨 : 3명
박 씨 : 3명
최 씨 : 1명

둘째 날

김 씨 : 3명- 김 1 : 안경 낌
         - 김 2 : 키가 큼
         - 김 3 : 똑똑함
이 씨 : 3명
박 씨 : 3명
최 씨 : 1명

셋째 날

김 씨 : 3명
이 씨 : 3명   - 이 1
            - 이 2
            - 이 3
박 씨 : 3명
최 씨 : 1명

넷째 날

이 방법을 쓸 때 주의할 점은 김 1, 김 2, 김 3의 특징을 계속하여 살을 붙여 외울 때에는 앞선 내용을 까먹지 않도록 누적 복습을 해야 한다. 즉, 김 3을 공부할 때, 김 씨 : 3명, 이씨 : 3명, 박 씨 : 3명, 최씨 : 1명의 뼈대를 다시 외우고, 김 씨에 누가 있는지와 김 1, 김 2의 특징을 다시 외우고 김 3을 시작하는 것이다. 이 방법은 특히 과학탐구, 사회탐구와 같은 탐구 과목에서 큰 효과를 볼 수 있는 방법이다.

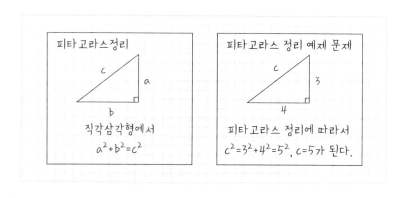

다음은 흔히들 말하는 백지복습이라고 할 수 있는 방식이다. 과학탐구의 경우 각 과목별로 나오는 단원을 써내려가고, 해당 단원의 내용을 점점 살을 붙여가며 외우는 방식이다. 수학에서도 이와 비슷한 방식의 공부를 할 수 있다. 피타고라스 정리를 공부한다면 피타고라스 정리를 외운 후에 그에 해당하는 문제를 붙여 실제 공식을 이용해서 풀어본다. 바로 위의 예시처럼 공식과 문제를 대응시켜 외우게 되면, 반복은 물론 어떠한 공식을 보았을 때 이를 적용한 문제가 생각나면서 더 오래 기억에 남을 수 있다.

지금까지의 내용을 정리해 보면 다음과 같다. 암기는 단기 기억을 장기 기억으로 바꾸는 과정이다. 이 과정에서 반복과 연결이 필수적이다. 반복은 말 그대로 외우고자 하는 단기 기억을 지속적으로 여러 번 보는 방법이고, 연결은 이미 내가 알고 있는 것 또는 익숙한 것과 새로운 것을 연결시켜 외우는 방법이다.

반복만 될 수 있다면 뭐든지 암기법이 된다. 글자를 계속해서 써서 암기를 하든, 계속하여 암송을 하든, 계속 눈에 들어올 수 있게 화장실에 붙여놓든, 반복이 가능한 어떤 방식이든 다 자기만의 암기법이 된다.

또한, 연결 지을 수 있는 모든 방법 역시 암기법이 된다. 알려져 있는 '경ㅇ식 영단어 암기법'과 비슷하다. 'cherish'라는 단어의 뜻은 '소중히 하다'인데, 이것을 '철이 씨를 소중히 해줘'라고 외워서 cherish를 '소중히 하다'라고 외우는 것도 연결을 활용한 암기법이다. 앞 글자만 따서 외우는 방법도 마찬가지다. 가장 유명한 예라면 조선시대 왕의 이름을 '태정태세문단세…'로 외우는 방법일 것이다.

순간적으로 외워지는 암기의 기술

첫째, 형광펜으로 중요도에 따라 다르게 표시하라. 같은 책의 텍스트를 읽더라도 눈에 확 들어오는 부분이 있어야 그 부분에 더 집중이 되고 기억에 잘 남는다. 따라서 자신이 생각하는 핵심 단어나 구절에 형광펜으로 강조를 해주는 것이 좋다. 하지만 너무 난잡하게 여러 색의 형광펜을 칠하게 되면 오히려 눈에 잘 들어오지 않으므로 중요한 키워드에만 형광펜으로 표시해주는 것이 좋다.

둘째, 앞글자만 따서 외워라. 이미 앞에서 설명했지만 핵심개념에 붙은 부개념들을 나열하거나 외워야 할 때 특히 효과적이다. 국어 과목의 음절의 끝소리 규칙에서 단어의 받침에서 발음될 수 있는 소리는 'ㄱㄴㄷㄹㅁㅂㅇ'로 한정되어 있는데 이 때 '가느다란 물방울'과 같이 외울 수 있다.

셋째, 단어마다 스토리를 만들어 연결하라. 단어나 년도와 같은 것에 나름의 스토리를 만들어서 연결 짓는 방법도 암기에 큰 효과를 준다. 임진왜란의 경우 1592년에 발생한 사건이다. '임진왜란이 터졌는데 일(1)오(5)구(9)이(2)쓰면(이러고 있으면) 안 된다'라고 외우면 1592년이라고 쉽게 외울 수가 있다. 그밖에도 'order'라는 영어 단어를 외울 때 'or(5)그릇 der(더)'라고 스토리를 만들면, '5그릇 더 시킨다', 즉 '주문한다'라고 단어를 쉽게 외울 수가 있다.

넷째, 암기만 할 수 있다면 단어끼리 억지로라도 연결시킨다. 논리 따위 없어도 된다. 예를 들어 학창 시절에 위도와 경도가 지구본에서 가로선인지 세로선인지 매일 헷갈렸다. 시험을 보기 위해서는 어쩔 수 없이 외워야 했는데, 가로선의 앞 글자인 '가'와 위도의 앞 글자인 '위'를 합치면 실제 있는 단어인 '가위'가 되므로 가위를 외웠다. 위도가 가로인 것만 외우면 경도는 저절로 세로라는 것을 알 수 있다.

이번에는 'hydrophilic(하이드로필릭)'과 'hydrophobic(하이드로포빅)'이라는 단어다. 각각 친수성과 소수성이라는 뜻인데, 두 단어가 비슷하게 생겨서 암기가 어려웠다. '하이드로필릭'에서 '필릭'에 있는 'ㄹ'과 '물'의 'ㄹ'을 겹쳐서 두 단어의 연관 관계를 만든다. 이 관계에 논리는 없지만 까먹지는 않을 것이다.

사람마다 순간적으로 암기를 할 수 있는 능력은 다르다고 한다. 숫자의 경우 7±2개를 외울 수 있다고 한다. 개인별로 암기력의 차이는 나지만 단기 기억력에 의존하기보다는 꾸준한 노력을 통해 단기 기억을 장기 기억으로 바꾸려는 노력이 필요하다.

'나는 머리가 나빠서 암기는 잘 안 돼!'라고 생각하지 말자. 암기력이 다른 능력에 비해 부족하다면 '좀 더 반복하면 결국 외워지는 것은 똑같으니 좀 더 반복해야겠다'라고 생각하는 것이 좋다.

명심하라! 암기는 모든 공부의 뼈대이고, 암기는 타고난 지능의 산물이라기보다는 꾸준한 노력의 산물이다.

암기가 잘 되는
노트 정리법

'나의 언어'로 이해하자

앞에서 이야기했듯 사람의 기억능력에는 한계가 있기 때문에 실제로 하루가 지나가기도 전에 배운 것의 50% 이상을 잊어 먹는다. 그렇기에 배우고 학습한 내용을 요약해 놓으면 자주 반복해서 간단히 볼 수 있기에 더 오랫동안 기억할 수 있다. 공부는 결국 '정리-암기-반복'의 과정을 거친다. 꾸준한 반복학습을 통해 기억을 강화시키려면 노트 정리는 반드시 이루어져야 한다.

같은 수업을 듣고 같은 시간을 공부해도 상위권 성적을 받는 학생들의 공부 비결을 묻는다면 노트 정리를 빼놓을 수 없다. 그들은 학습의 이해를 바탕으로 자신만의 노트 정리법이 있다. 어떻게 무엇을 외울 것인지를 정리하는 능력 또한 실력이다! 이제 학습 성과를 좌우하는 핵심 기술인 노트 정리법을 알아보자.

노트 정리를 해야 하는 가장 중요한 이유는 무엇일까? 공부 내용을 '나의 언어'로 이해할 수 있기 때문이다. 아무리 선생님의 설명을 이해한 것 같아도 내가 남에게 설명할 수 없으면 온전히 나의 것이 아니다. 나의 논리대로 내용을 이해하고 이 과정에서 이해가 안 되는 부분이 생기면 선생님께 질문을 해도 좋다. 내가 이해한 방식대로 노트 정리를 하며 다시 한 번 나의 정보로 만들자.

노트는 단권화의 수단이기도 하다. 내신시험 당일 날 학교에 해당 시험과목의 여러 문제집과 교과서, 프린트를 무겁게 들고 가본 적이 있는가? 무겁게 들고 갔지만 결국 한 권도 제대로 보지 못한 것을 기억하는가? 시험 준비를 할 때 대부분의 학생들은 하나의 책으로 공부하지 않는다. 여러 출판사 문제집을 풀어보면서 다른 책에는 없는 정보를 발견하기도 하고, 신유형 문제에 대한 오답이 생기기도 한다. 봐야 할 내용이 많고 정보가 여러 군데에 흩어져 있을 때 이를 모아서 정리하는 것이 '단권화'다.

단권화된 정리본은 시험 전날 밤, 시험 당일 아침, 시험 직전 쉬는 시간에 볼 것이라고 생각하고 만들자. 시험범위 안의 모든 내용을 다룰 필요 없이 서술형 출제 가능성이 높은 부분, 평소 취약했던 부분 위주로 정리하면 된다.

효율성 최고의 노트 정리법

중학교 2학년 때 사회 선생님께서는 매 수업마다 방대한 양의 필기를 시키셨다. 파워포인트 화면에 나와 있는 수많은 문장들을 받아 적어야 했고 과목 특성상 시험 기간에 그 필기를 전부 외워야 했다. 하루는 개인 현장학습으로 학교를 빠졌고 사회 시간의 필기를 놓쳐서 베껴 쓰기 위해 친구에게 교과서를 빌렸다. 그 책 주인은 특목고를 준비하는 공부 잘하는 친구였는데, 받고서 깜짝 놀랐다. 급하게 적은 글씨들로 가득 찬 내 교과서와는 다르게 깔끔하고 간단한 필기가 되어 있었기 때문이다.

내가 선생님이 보여주는 문장을 그대로 받아 적었던 데 반해 그 친구는 자신의 언어로 이해해서 바로 정리한 후에 필기한 것이다. 굳이 필요하지 않은 단어들은 빼버리고 >, <, ○, × 기호로 표시해 두어 한눈에 보기 편해 보였다. 그때 깨달았다. 암기과목을 효율적으로 공부하려면 외우는 속도나 능력만큼 어떻게, 무엇을 외울 것인지 정리하는 과정이 중요하다는 것을…. 다음의 사례를 보자.

정리 1
〈1990년대 이후 우리나라의 국제 이동〉
우리나라보다 일자리가 적고 임금수준이 낮은 중국이나 동남아시아 국가에서 이주해 왔으며, 우리나라 농어촌 지역에서 외국인 여성과 결혼하는 사람들이 많아지면서 가정이 늘어나고 있다.

정리 2

〈1990년대 이후 우리나라의 국제 이동〉

- 동남아시아 / 중국 (일자리↓, 임금수준↓)에서 이주해 옴
- 농어촌 지역서 외국여성과 결혼↑ ⇒ 가정↑

어떤 노트 필기가 더 눈에 들어오는가? '정리 1'보다 '정리 2'의 정보가 훨씬 눈에 잘 들어온다. 문장을 길게 쓰더라도 우리의 머릿속에 들어올 때는 이것저것 걸러지고 키워드만이 오래 남는다. 따라서 최대한 키워드에만 집중하고 불필요한 수식들은 덜어내면 핵심이 눈에 더욱 잘 들어온다.

첫째, 한글은 최대한 줄이고 기호를 이용한다. 어렵지 않고, 이미 대부분의 학생들이 잘 활용하고 있을 것이라고 생각한다. 컴퓨터나 도로 표지판도 말 대신 기호와 아이콘으로 표현하는 것을 종종 볼 수 있다. 금방 알아볼 수 있는 간단명료한 기호는 열 마디 말을 간단하게 축약시켜준다. 내용이 눈에 빨리 들어올수록 머릿속에서 내용 인식도 빠르게 된다. 또한 머릿속에 들어간 그 내용을 꺼내는 속도도 빨라져 그만큼 암기하는 데 걸리는 시간도 단축된다.

다음은 몇 가지 기호의 예다. 나만의 필기 기호가 있다면 아래 표에 채워보도록 하자.

나만의 필기 기호	
높다, 증가한다, 크다,	↑
낮다, 감소한다, 낮다,	↓
가능하다, 옳다, ~이다,	○
불가능하다, 옳지 않다, ~아니다,	x
a에 의해 영향을 받아 b 발생	a → b

둘째, 줄글을 나열하기보다는 항목화하자. 내가 의대에 갈 수 있었던 이유를 학습하고 암기해야 한다고 치자. 여러 이유가 있을 것이고 그에 대한 부가설명도 있을 것이다. 암기에 효율적이지 않은 필기는 다음과 같이 가로로 길게 나열한 형태이다. 다음의 사례를 보자.

사례 1
내가 의대에 갈 수 있었던 이유

보여주기식으로 공부하는 것이 아니라 나 스스로에게 진정성 있게 열심히 공부하는 나에 대한 믿음이 있었고, 넌 할 수 있을 것이라는 주변의 응원에 의한 의욕이 커졌다. 그리고 확신은 없지만, 공부머리가 어느 정도는 있었던 거 같다.

그에 반해 암기에 효과적인 필기는 다음과 같이 한 가지 주제에 대한 내용을 항목화해서 가로가 아닌 세로로 나열한 것이다.

사례 2

내가 의대에 갈 수 있었던 이유

- 나에 대한 믿음 : 보여주기식 공부 ×, 진정성 ○
- 주변의 응원 : 의욕 증가 + (확신 ×) + 공부머리 영향

'~다'로 끝내기보다는 명사로 끝내는 것이 암기에 효율적이다. 아무리 생각해도 대체할 명사가 떠오르지 않는다면 '음슴체'로 적자. 한 줄을 짧게 적으면 적을수록 좋다. 최대한 노트에서 하나의 가로줄을 다 채우지 않도록 하자. 실제로 내 노트 필기에는 항목화에 필요한 숫자나 슬래시(-)기호가 굉장히 많다.

셋째, 펜은 세 가지면 충분하다. 알록달록 예쁜 필기는 정성과 수고가 들어간 필기지만 암기에 좋은 필기는 아니다. 정리본을 봤을 때 눈에 띄는 색이 많아서 어디를 강조하는지 모르겠다면 실패한 것이다. 필기를 할 때 필요한 펜은 물론 검정 볼펜이 기본이다. 볼펜보다 샤프나 연필이 편하면 자기에게 편한 걸로 사용하면 된다. 그리고 강조할 단어나 구를 적고 중요한 내용을 강조할 파란 볼펜, 이렇게 두 가지만 있으면 충분하다. 정리본을 한 번 더 읽으면서 빨간 볼펜이나 형광펜으로 별표나 네모박스를 쳐서 한 번 더 강조해도

좋다.

넷째, 그림이 필요하면 그려라. 그림과 그래프는 눈으로 보면 쉽게 이해가 되는데 사실은 많은 내용들이 압축되어 있다. 노트 정리를 할 때, 자신이 직접 새로운 그림으로 표현하거나 교과서에서 이미 그려져 있는 그림을 하나씩 따라 그려보면 이해되는 점이 의외로 많다.

망한 노트 정리의 예

지금까지 암기가 잘되는 노트 정리법에 대해 이야기 했다. 그렇다면 망한 노트 정리는 어떤 것이 있을까? 다음은 망한 노트 정리의 특징에 대해 알아보자. 내가 아래와 같이 필기하고 있지는 않은지 체크해보자.

첫째, 다시 안 보는 노트 정리다. 노트 정리를 왜 하는 것일까? 그것을 계속 보고 학습하기 위해서다. 다시 보지 않을 노트 정리라고 판단한다면 애초에 시작하지 않는 편이 좋다. 노트 정리에 들이는 시간이 적지 않다는 것을 명심하자.

둘째, 알아볼 수 없는 글씨체다. 노트 정리에 엄청난 시간을 투자하는 것은 좋지 않다. 실제로 노트 정리의 효율은 작성할 때보다 작성하고 나서 그 정리된 노트를 보며 암기할 때 최대치가 되기 때문이다. 노트 정리 시간을 최소화하는 것은 좋지만 그렇다고 알아볼 수 없을 만큼 글씨를 흘려서 쓴다면 다음에 노트를 보고 싶지 않을 것이다.

셋째, 지나치게 많은 정보, 혹은 지나치게 적은 정보다. 정리본이기 때문에 다시 정리할 만큼 분량이 나오는 노트 정리는 실패한 노트 정리다. 반대로 중요한 내용마저 전부 빼버린 노트 정리 또한 실패한 노트 정리다. 후자의 경우 내가 확실하게 알고 있어서 다시 복습을 하지 않아도 되는 부분이라면 상관없지만 그렇지 않은 경우 중요도를 너무 쉽게 판단해서 노트에서 빼는 잘못을 저지르지 말자.

어떤 시험에도 흔들리지 않는
멘탈 관리법

나를 믿어라

시험을 앞두고 있을 때 우리의 멘탈을 괴롭히는 수많은 압박들이 있다. 얼마 남지 않은 시간이 주는 촉박함, 오늘 제대로 하지 않으면 앞으로 더 많은 걸 해야 한다는 책임감, 그동안 쌓아놓은 것들이 무너질 거 같은 두려움…. 내 경우에는 항상 더더욱 최선을 다해야 한다는 무거운 마음에서 오는 강박증이 컸다. 그러나 결국 나는 나를 믿어야 하며 내가 나를 믿지 않으면 문제를 풀 때 어느 답도 낼 수 없을 것을 깨달았다. 내가 나를 믿어야 정답을 고를 수 있다고 생각했다.

그렇다고 밑도 끝도 없는 믿음 역시 위험하다. 나태해지기 쉽기 때문이다. 주변 사람들은 전부 내가 지금 잘하고 있다고 했다. 그렇지만 그 말들에 속아 완전히 나태함으로 빠지면 안 된다. 적절하게 강박과 나태를 조절하면서 멘탈을 관리하는 것이 관건이다. 만약 쓸데없는 고민들로 잡념에 자주 빠진다면 지금 고민한다고 해서 해결될 수 있는 문제인지 생각해 보자. 그 답에 따라 두 가지로 나눌 수 있다.

첫째, 고민해서 답을 내어야 하는 일이라면 더 많은 시간을 투자할수록 좋은 결정이 가능한지를 스스로에게 묻자. 그게 아니라면 빠르게 결정하자. 둘째, 고민해도 답을 낼 수 없고 지금의 고민이 미래에 도움이 전혀 안 되는 일이라면 빠르게 그 고민을 접고 다른 생산적인 일들에 집중하자.

실제로 나도 그랬고, 내가 가르치는 과외 학생들 중에도 지나버린 시험에 대해서 걱정하는 학생들이 많았다. 물론 그 시험을 본 직후, 또 서술형 검사를 하면서 확인사살을 당할 때, 그리고 성적과 석차가 종이에서 표로 나와서 눈으로 숫자를 확인할 때 마음이 여러 번 아픈 게 사실이다. 그러나 그 슬픈 감정에 잠겨 있어 봐야 나에게 전혀 도움이 되지 않는다. 차라리 그 시간에 내가 왜 그런 실수들을 했는지, 다음번에는 어떻게 준비해야 반복하지 않을지 '분석'하는 게 좋다. 감정에 휩쓸리지 말고 이성적으로 생각하자.

환경을 탓하지 말라

중학교 3학년 때 급하게 일반고 외의 고등학교를 준비하게 되었고. 한 곳의 외고와 여섯 곳의 영재학교를 지원했다. 중학교 시절 최상위권이 아니었기 때문에 등급이 필요한 자사고들은 생각조차 할 수 없는 상태였다. 그러나 모두 탈락하고 집에서 가까운 인문계 고등학교에 진학했다. 입학 후 1학년 때까지는 환경을 탓했다. 내가 다녔던 학교는 1학년은 9시까지밖에 자습을 못하고 2, 3학년만 10시까지 자습할 수 있게 했다. 학교에서 가장 자습이 잘 되기도 하고, 그 시간에 독서실을 가기에도 애매하고, 집에 가면 공부가 안 되기 때문에 1학년도 10시까지 할 수 있게 해주길 바랐다.

그러다가 생각한 게, 친한 친구와 같이 9시에 자습이 끝나고 교실에 숨어 있다가 기사님들이 교실 불이 꺼졌는지 확인하기 위해 교실을 다 돌고 나면 다시 불을 켜서 10시까지 자습하는 것을 계획했다. 하지만 기사님께 걸리는 바람에 다음날 담임 선생님에게 불려가 혼났다. 교칙 위반이었기 때문에 어머니께 전화를 드리고, 경위서까지 작성하고 나서 몇 번이고 사과해야 했다.

학교에서 늦게까지 남아 공부하려는 계획이 무산되고 나서 10시 이후까지 친구와 함께 카페에서 자습을 하기로 했다. 그러나 학교보다는 자유롭고 시끌시끌한 분위기 속에서 자습을 하다 보니 집중이 잘 안 되서 일주일 만에 그만두고 말았다. 정말로 공부할 마음이 있었다면 집에 가서도 늦게까지 했다고 생각했고, 그 다음부터는 집에서라도 늦게까지 공부하려고 노력했다.

나는 일반고의 공부 환경을 불평했다. 그러다가 지역까지 불평했다. 강남에서는 좋은 강사님께 더 좋은 수업을 받고 경쟁도 치열할테니 더 열심히, 더 오래 공부할 거라는 생각에 내 처지와 비교가 되었다. 그러나 원래 세상은 모두 평등할 순 없다. 좋든 싫든 어쩔 수 없는 현실이라는 뜻이다. 주위 환경이 똑같아도 애초에 머리가 좋게 태어난 사람과 이해와 암기에 더욱 많은 시간과 노력이 필요한 사람이 있기 때문에 불평등은 여전히 존재한다. 강남의 환경과 내 처지를 비교하면서 한숨을 쉬는 동안, 나보다도 더욱 열악한 환경에서 공부해야 하는 학생들은 내 한탄을 배부른 소리일지도 모른다. 비록 불평등한 환경의 꼭대기에 있지는 않지만 그래도 바닥은 아니지 않은가?

결국 내가 깨달은 건, 내가 어떤 상황이든 간에, 환경을 탓하지 말고, 그 상황에서 할 수 있는 최선을 다하라는 것이다. '될놈될'이라는 말이 있다. 잘될 사람이라면 어떤 상황에서도 잘될 것이다. 또한 환경을 탓해 다른 환경으로 옮긴다고 해도 탓하는 것은 내 성향이기 때문에 그 좋은 환경에서도 또 불평은 생길 것이다. 세상에 완벽한 게 어디 있는가?

인생은 '될놈될'이라고 생각하고 자신은 잘될 수밖에 없는 사람이라고 생각하자. 물론 잘될 수밖에 없는 사람이기 위해서는 그만큼의 노력을 해야 한다. '나는 이렇게까지 열심히 공부하는 사람인데, 안 될 수가 없지. 안 되면 그건 세상이 이상한거지'라고 생각하자.

회피 동기보다는 접근 동기

공부는 크게 단기 공부와 장기 공부가 있다. 단기 공부란 짧은 시간 또는 기간 동안 몰아보는 시험, 즉 중간·기말고사를 대비하는 공부를 뜻하고, 장기 공부는 단 한 번의 시험을 위해 오랫동안 준비해야 하는, 예를 들어 수능이나 공무원 시험, 자격증 시험을 위한 공부다. 이 두 가지를 구분하는 이유는 공부의 목적 및 동기를 부여하기 위한 방법이 다르기 때문이다.

동기를 크게 나누면 회피 동기와 접근 동기로 구분할 수 있다. 회피 동기란 어떤 일을 피하기 위해 무언가를 하는 것이고, 접근 동기란 어떤 것을 얻기 위해 무언가를 하는 것을 뜻한다.

어떤 학급이 매일매일 가볍게 쪽지시험을 본다고 가정해 보자. 요즈음 이런 학급이 실제로 존재하지는 않겠지만 쪽지시험 결과에 따라 만점이면 과자 한 개, 성적이 나쁘면 교실 청소와 같은 벌을 받는다고 가정해 보자. 학생들은 어떤 이유를 위해 공부를 할까? 만점으로 과자 한 개를 얻기 위해, 즉 접근 동기보다는 청소 당번을 피하기 위해, 다시 말해 회피 동기 때문에 공부할 것이다. 이 사례에서는 잘했을 때의 보상이 너무 적기 때문에 회피 동기가 크게 작용했을 것이다. 하지만 일반적으로 단기 공부는 회피 동기가, 장기 공부는 접근 동기가 주로 작용한다.

입시 준비 때 작용할 수 있는 접근 동기와 회피 동기에는 어떤게 있을까? 접근 동기는 당연히 원하는 목표를 이루었을 때의 내 모습일 것이다. 의대생이 된 나, 의사가 되어 꿈을 이룬 내 모습이 접근 동기라면, 실패했을 때의 재수·삼수 생활이나 점수에 맞춰 원치 않는 학교나 학과에 간 내 모습, 삼수생 남학생이라면 언제 날아들어 올지 모르는 입영통지서와 같은 것이 있을 것이다. 회피 동기는 당장에는 절박한 자극제가 될 수 있지만 오래 가지 않고 시들시들해진다. 입영통지서가 날아왔다면 시간이 지나면 '그래 뭐, 이번에도 망하면 군대 가고 말지'라며 자포자기하는 식으로 흐르기 쉽다. 반면 접근 동기는 당장에 큰 자극이 되지는 않아도 오래 지속된다.

막연히 공부를 하려면 동기 부여가 필요하다는 정도를 넘어서, 동기에는 어떤 종류가 있는지 이해하고, 목표의 성격과 그에 맞는 동기를 발견해내는 노력을 기울인다면 우리는 더 좋은 성과를 거둘 수 있다.

나에게는 공부가 안 될 때 펴는 또 다른 수첩이 하나 있었다. 스터디 플래너를 활용해도 되지만 집에 굴러다니는 예쁜 작은 수첩이 아까워서 마련한 나의 '미래수첩'이다. 미래를 상상해서 그림으로도 그려보고 글로도 적어봤다. 그 미래가 구체적이면 구체적일수록 미래에 대한 기대감은 커진다. 예를 들어 '고등학교에서 후배들에게 강연을 하는 나의 멋진 모습은 어떨까?'와 같이 달콤한 상상을 하다 보면 결국 그 미래를 갖기 위해서 나는 지금 공부를 해야 한다는 사실을 깨달을 것이다. 수능 이후에 꼭 하고 싶은 버킷리스트를 만들어 보자.

게임과 연애는 활력소일까? 방해물일까?

수험생활 중 우리들의 멘탈에 많은 영향을 끼치는 것 중에 게임과 연애를 빼놓을 수 없다. 특히 많은 남학생들은 실제로 게임을 많이 하고 있고 정도의 차이는 있지만 수험생활에 영향을 받을 것이다. 학교 또는 학원에서 자연스레 피어나는 사랑이라는 감정에 설레는 청춘들도 많다. 공부에 방해가 된다고 생각해서 어떤 식으로는 피하려고 하지만 자꾸만 이끌리는 감정에 고민하는 사람들도 많을 것이다.

수험생활 중의 연애와 게임의 유혹, 어떻게 하는 것이 좋을까? 먼저 게임을 살펴보자. 많은 이들은 게임에 시간을 소모하는 게 문제라고 생각하지만 그보다도 더 큰 문제점은 게임한 이후 공부에 미치는 영향이다. 게임만 하고 딱 돌아서서 다시 공부를 할 수 있으면 좋겠지만, 전자파의 영향인지 지나친 몰입의 후유증인지 한동안은 머리가 어지럽다. 또한 지거나 이기거나 그에 따른 심리적인 여운이 작용해서 공부하는 데 상당히 방해가 된다.

나는 수험 생활 중에는 게임을 최대한 안 하려고 노력했다. 종종 공부를 하고나서 영화를 보러가긴 했지만 게임을 하지는 않았다. 공부를 집중적으로 해야 할 때는 게임만큼은 되도록 자제하는 편이 좋다고 생각한다. 대신, 끝난 후에도 심리적 여파가 적은 다른 기분전환 방법을 찾도록 하자.

다음은 연애다. 사람 감정만큼 내 것인데도 내 마음대로 통제할 수 없는 게 또 있을까? 재수 종합반에 다닐 때 연애를 하고 있거나 연애에 대해 생각하는 친구를 여럿 보았다. 많은 선생님들은 보통 "남자애들이 연애를 하게 되면 망한다"고 충고하지만 그보다는 개인적인 성향이 더 중요한 것 같다. 당시 연애했던 친구 중 남학생은 좋은 성과를 거두고 여학생은 생각보다는 결과가 나빴던 일도 얼마든지 있었다. 성별이 아니라 성격이나 마음가짐이 더 중요한 것이다.

물론 안 하던 연애를 굳이 찾아서 하면서 공부에 영향을 줄 필요는 없지만 이미 하고 있는 연애라면 공부 때문에 멀리하는 게 오히려 영향이 클 수도 있다. 공부 때문에 연애를 중단한다면 그 이후에 미칠 심리적인 여파, 그리움이나 미안함, 미련을 비롯한 온갖 복잡한 감정에 때문에 오히려 한동안 더 정신적으로 흐트러질 수 있기 때문이다.

이미 연애를 하고 있다면, 또 두 사람 모두 목표를 위해 열심히 공부해야 하는 처지라면, 연애 관계가 서로에게 긍정적인 영향을 줄 수 있는 방법을 찾아보자. 데이트 시간에 공부 시간을 정해두고 함께 공부를 하는 방법도 있을 것이다. 서로 격려하고 또 상대에게 잘 보이기 위해서 열심히 공부하는 모습을 보여주면 연애와 성적을 동시에 잡는 긍정적인 효과도 있을 수 있다.

공부를 방해하는 요소들

수험생들은 생각보다 여러 유혹에 약하다. 공부를 방해할 수 있는 것들을 몇 가지만 꼽아본다. 그밖에도 내가 쉽게 넘어갈 수 있는 유혹이 주변에 있다면 치워두자. 집에서 공부할 때 여러 가지 방해물 때문에 환경이 너무 취약하다면 집과 거리가 떨어져 있는 곳에서 공부를 하는 것도 나쁘지 않다.

● 친구
친구를 아예 없애자는 뜻은 물론 아니다. 친구와 함께 공부를 하면 다같이 으쌰으쌰 하면서 동료로서 서로 힘을 받고 더욱 열심히 하게 될 수도 있다. 그러나 경험에 비추어 보면 옆 친구가 졸면 나도 졸음이 오거나, 옆 친구가 잠깐 머리 식히러 산책하자고 하거나, 여러 이유 때문에 온전히 나의 시간을 사용할 수 없게 될 수도 있다.

● 침대와 책상
침대와 책상은 멀수록 좋다. 침대가 옆에 있으면 당연히 불편하게 앉아서 공부하기보다는 몸이 뻐근해질 때 즈음 '한번 누워서 외워볼까?' 하는 생각이 들 수 있고, '잠깐'이라는 생각으로 침대에 누웠다가는 다시 책상으로 갈 수 없게 될 수도 있다.

● 스마트폰
스마트폰이 있다면 찾아보고 싶은 게 생겼을 때 즉각 해답을 얻을 수 있다는 장점이 있지만, 필요 이상의 정보 때문에 원하는 것을 골라 보는 데에 시간이 걸릴 수 있다. 또한 필요 없는 다른 검색을 하다가 시간을 낭비할 수도 있다. 나는 아예 2G 폰으로 바꿨다. 찾아 봐야 할 게 있을 때에는 노트에 적어둔 다음 공부가 다 끝나고, 혹은 쉬는 시간에 컴퓨터실이나 집의 컴퓨터로 한 번에 찾아봤다.

슬럼프를 탈출하는 동기 부여 방법

인내심은 고갈 자원이다

수능 공부를 많은 사람들이 마라톤에 비유한다. 끝까지 공부를 해야 한다는 의미도 있지만 다른 한편으로는 완주를 위해서는 쉼 없이 계속하여 뛰어야 한다는 뜻이기도 하다.

1~3월 시기가 가장 중요하다는 이야기를 많이 들어보았을 것이다. 그런데 3~6월도 중요하다는 얘기도 많이 나온다. 여름도 중요하다, 파이널도 중요하다, 이런 얘기들을 듣다 보면 '대체 중요하지 않은 시기는 언젠데?'싶을 수도 있다. 결론은 모든 구간이 다 중요하고 한 번이라도 멈추는 순간 뒤처지기 시작하는 게 수능 공부다.

218

그렇다면 끝까지 페이스를 유지하려면 어떤 방식으로 공부해야 할까?

삼수 시절, 1주일의 공부 계획을 짤 때 항상 금요일 오후는 비워 두었다. 월, 화, 수, 목, 금요일 오전까지 공부를 열심히 했기 때문에 금요일 오후 6시부터는 나흘 동안 열심히 공부한 대가로, 이후 주말 에 나태해지지 않기 위해서 일종의 보상을 준비했다. 이 자유 시간 에는 게임을 하든, 밖에서 친구를 만나든, 영화를 보든 자유를 마음 껏 누릴 수 있었다.

주변에서는 나태해질 수도 있다고 걱정했지만 앞선 4일과 이후 주말을 열심히 지내다 보니 힘에 부치거나 인내심이 바닥을 드러낼 때에도 '그래, ○일만 버티면 쉴 수 있으니까 열심히 해야겠다'라는 생각을 했고 고삐를 늦추지 않고 공부에 매진할 수 있었다. 자유 시 간을 보내고 나서 주말에도 아쉽게 생각하지 않고 "그래, 금요일에 놀았으니 오늘은 좀 열심히 해야지!"라는 생각으로 더 열심히 공부 할 수 있었다.

인내심은 쓰면 쓸수록 사라지는 고갈 자원이다. 아무리 의지가 강한 사람이라고 해도 계속하여 참기만 하다 보면 결국 인내심이 고갈되어 견디지 못하게 될 것이다. 누군가는 다른 사람보다 월등히 인내심의 그릇이 클 수도 있지만 대부분 사람들은 인내심의 그릇이 비슷하다. 인내심의 그릇은 스트레스를 담아서 넘치지 않게 하는 완 충작용을 한다. 그러나 그릇에 채워지는 물의 양만큼 덜어주는 행동 을 하지 않으면 금세 그릇이 넘쳐버릴 것이다.

수험생들에게는 '전설'로 통하는 학생들의 생활 패턴을 보면 그 그릇의 크기가 말도 안 되게 큰 사람인 듯하다. 하루에 18시간 이상 공부를 지속한다는 이야기나, 일주일에 하루도, 아니 한 시간도 자기에게 자유를 허락하지 않는 살인적인 스케줄을 감당할 수 있는 초인적인 인내심의 소유자가 지구상에 있을 수도 있다. 하지만 마라톤 세계기록 보유자가 달리는 것을 보고 똑같은 속도로 달린다면 우리는 몇 킬로미터나 달릴 수 있을까? 세계기록이 2시간 1분대니까 100미터를 평균 17초대로 유지하면서 꼬박 42.195킬로미터를 달려야 한다. 웬만한 사람들이 그런 초인들을 따라 하다가는 아마도 1~2킬로미터 만에 나가떨어질 것이다.

누군가는 사흘에 한 번은 쉬어야 다시 충전할 수 있고, 누군가는 일주일 내내 공부를 해도 아무런 지장이 없을 수 있다. 현명한 사람이라면 내 인내심의 그릇을 잘 알고 그에 맞게 공부와 휴식을 설계할 수 있어야 한다.

'왕관을 쓰려는 자 그 무게를 견뎌라'라는 말처럼 강철 같은 인내심과 의지를 중요시 하는 격언은 많지만 인내심을 기르기 위해 자기 자신을 다독여야 한다는 격언은 별로 보지 못했다. 나는 이러한 사실을 어릴 때부터 알았던 듯하다. 무언가 스트레스를 받아야 하는 상황이 생긴다면 스스로에게 보상을 약속하면서 스트레스를 견디고 더 나아가 이러한 경험들이 쌓이다 보니 인내심이 더욱 굳건해졌다. 격언이라고까지 하기는 좀 그렇지만 여기에 한 마디를 남기고자 한다.

'의무를 다하기 위해서는 권리를 최대한 누려라!'

공부라는 의무를 하기 위해 일정 시간은 쉬어야 한다는 권리를 최대한 누리자는 것이다. 대부분의 시험은 단기적인 스케줄로 끝나지 않는다. 수능이라면 준비 기간이 1년 이상이 될 수도 있고, 다른 공부들도 수험기간이 상당히 길다. 이러한 장기기간의 공부를 해야 할 때는 인내심을 기르는 노력이 아니라 인내심을 잘 다스리고 적당히 비워주는 노력이 필요하다. 무작정 스스로에게 채찍질만 하지 말고 적당한 당근을 통해 스스로를 잘 다독여서 어떠한 시험에서도 결승점까지 꾸준히 나아갈 수 있는 현명한 수험생이 되어야 한다.

정신적 탈진, 위시리스트로 탈출하라

누구나 살다 보면 어려움이 닥칠 때가 있다. '인생은 파도와 같다'라는 말처럼 좋은 시기가 있다면 힘든 시기도 있기 마련이고 올라갈 때가 있다면 내려올 때도 있다. 오르는 기세에 있다면 기세를 타도록 노력해야 하고 내려가는 시기에는 더 안 내려가도록, 그리고 다시 한 번 긍정적으로 반전시키는 것이 중요하다. 힘든 시기에는 정신적으로도 힘든 것 자체도 문제지만 그럼에도 불구하고 해야 하는 일이 있기 때문에 이중으로 힘들기 마련이다.

이런 시기가 만약에 시험 기간과 겹쳐 있다면 학생으로서는 이보다 더한 비극도 없을 것이다. 시험 기간이 길든 짧든 순간적으로 닥쳐오는 힘든 시기에 멘탈을 어떻게 관리하면 좋을까? 정신적으로도 육체적으로도 힘든 시기에 우리는 어떻게 해야 이를 현명하게 대처해 나갈 수 있을까?

정신적으로 힘든 것에도 여러 종류가 있을 것이다. 단순히 공부가 하기 싫어서 힘들 수도 있고, 가족 중에 큰 사고를 당하거나 또는 연인과 헤어졌다거나 하는 것 등의 이유로 정신적으로 힘든 상황에 놓일 수도 있다. 이러한 상황에서 가장 명심해야할 점은 '우선 순위'다.

만약 공부보다 우선시 되는 일이라면 어떻게든 공부하겠다고 무리하기보다는 우선시 되는 일을 먼저 해결하는 게 좋다. 예를 들어 가족 중에 누군가가 큰일을 당했다면 공부는 잠시 제쳐두고 가족을 먼저 돌보아야 한다. 그런 상황에서 공부를 해도 마음은 이미 다른 곳에 가 있기 때문에 제대로 집중이 될 리도 없고 시간만 허비할 뿐이다.

그렇다면 상대적으로 중요도가 낮은 정신적 스트레스에는 어떻게 대처하는 게 좋을까? 만약 단순히 공부가 하기 싫거나 더 나아가서 모든 게 하기 싫어지는, 소위 말하는 '정신적 탈진' 혹은 번아웃 증후군 상태에서 탈출하려면 위시리스트를 작성해 보면 큰 도움이 된다. 정신적 탈진 상태는 스트레스를 수용하는 인내심의 그릇이 넘치고 넘쳐 제 기능을 하지 못하는 상황을 뜻한다.

특히 힘든 상황이나 정신적인 고통과 같은 요인들은 인내심의 그릇을 더 작고 쪼그라들게 만들기 때문에 힘들 때는 더 탈진되기 쉬운 상태가 된다. 인내심의 그릇이 넘쳐서 탈진하고, 또 그 때문에 인내심의 그릇이 더욱 작아지는 악순환이 반복되는 것이다.

이러한 상태에서는 내가 하고 싶은 일, 먹고 싶은 음식과 같이 개인적으로 좋아하는 것을 보상으로 적어두고 이를 목적으로 단기간이라도 버텨내는 것이 가장 중요하다. 내 경우에는 정말로 하기 싫은 일이 생긴다면 이 일을 끝내고 아주 큰 보상을 주려고 노력했다. 일종의 위시리스트다. 끝나고 엄청 맛있는 걸 먹으러 간다든가, 이번 시험을 기준 이상으로 잘 본다면 사고 싶은 물건을 산다든가 하는 단기간의 목표와 보상을 정해서 '정신적 탈진' 상태를 벗어나려고 최대한 노력했다.

물론 가장 좋은 방법은 정신적 탈진 상태에 빠지지 않도록 평소에 스스로를 잘 다독이고 관리하는 것이다. 한 가지 주의할 점은 지금 내가 아무렇지 않고 지지치 않는다고 해서 정신적인 컨디션이 좋다는 보장이 없다는 것이다. '폭풍 전의 고요'라는 말이 있다. 괜찮아 보이다가도 어느 순간 확 닥쳐오는 슬럼프는 더 깊고 진하게 오기 마련이다.

인생의 우선순위를 생각하라

내면의 문제가 아닌 여러 외부적 요인으로 인해 공부를 방해받을 때도 있다. 이럴 때는 공부를 안 하게 되면 이후에 어떻게 될지 곰곰

이 정리해 보자. 지금 공부를 안 하면 성적이 떨어져서 이후에 내가 어떤 상황에 놓일 것인지, 오늘 공부를 손에서 놓음으로써 다른 날 해야 할 일이나 하고 싶은 일을 못하고 공부에 매여 있어야 한다거나, 이렇게 공부를 안 해서 앞으로 닥치게 될 상황을 최대한 떠올리고 써 보는 것이다.

결국 이런 모든 과정 또한 '우선순위'에 따른다. 일단 공부를 하는 수험생이라면 공부가 우선순위에 오르도록 노력해야 한다. 다른 일로 인해 공부에 지장을 받았을 때를 떠올려 보자. 단순히 하루 공부를 못한 것 때문에 시험에 떨어져 다시 한 번 1년간 같은 공부를 해야 한다면 얼마나 끔찍한가?

앞서 제시한 두 가지 방법을 정리해 보면, '단기적으로는 무언가를 보상'해주려고 노력하고 '장기적으로는 무언가에 의한 피해'를 생각하는 방식이 효과적이라는 것을 알게 된다. 힘든 일이 닥쳤을 때 하루나 짧은 기간 동안 나를 다시 움직이게 하기 위해서는 무언가 보상이 필요하다. 음식일 수도 있고, 물건일 수도 있고, 보고 싶었던 영화일 수도 있지만 이런 보상을 주어야 단기간에 움직일 동기가 생긴다. 반대로 장기적으로 생각할 때에는 내가 지금 해야 할 일을 안 함으로써 어떠한 어려움이나 피해에 놓이게 될까를 생각해야 한다.

앞에서 접근 동기와 회피 동기에 관한 이야기를 했다. 장기적인 목표에는 접근 동기가 효율적이며, 단기적인 목표에는 회피 동기가 효율적이라고도 소개했다. 그러나 인간의 심리에 어떤 원리가

100% 무조건 통하는 건 아니다. 그때그때의 슬럼프를 극복하고 멘탈 관리를 할 때는 단기적으로는 나를 다독이기 위한 접근 동기가, 장기적으로는 스스로를 질책하기 위한 회피 동기가 더 효율적일 때도 있다는 것을 경험을 통해 알게 됐다.

어려운 문제가 있을 때 그 문제를 당장 눈앞에서 치우거나 생각을 안 한다고 문제가 사라지는 것은 아니다. 별 문제도 아닌데 내가 나약해서라고 질책해서 해결되면 좋겠지만 그렇게 문제를 인정하지 않고 억지로 스스로를 몰고 가면 오히려 더 슬럼프에서 허우적거릴 위험이 커진다.

일단은 힘든 문제가 있다는 것을 인정하고 그러한 상황에서 나를 움직이기 위한 동기를 부여하는 것이 슬럼프에 대처하는 멘탈 관리의 핵심이다. 수험 생활을 할 때에는 하루하루를 정상적인 패턴으로 보내는 것이 가장 중요하다. 시간이 약이라는 말처럼 어떠한 어려움이나 힘든 일도 지나고 나면 무뎌진다. 그 약이 효과를 낼 때까지 잘 버텨주는 게 중요하다.

힘든 시기에는 여러 방면으로 나에게 끊임없이 동기를 부여해주도록 노력하자. 샤워를 하면서 이루고 싶은 꿈을 이룬 후의 나를 상상해도 좋고, 오늘 하루를 열심히 산 당신에게 맛있는 음식이나 소소한 선물을 안겨주어도 좋다. 여러 가지로 끊임없이 목표로 달려나갈 수 있도록 스스로를 잘 다독이고 위로하면서 앞으로 나아가자.

같은 것을 다르게, 낯설게 하기

의대 본과 1, 2학년 때에는 엄청나게 자주 시험을 보았다. 보통 2월 중순에 개강해서 7월 말이 되어야 종강을 하기 때문에 한 학기가 다른 학과보다 훨씬 길었다. 보통 아침 8시에 등교를 하면 오후 4~5시에 하교를 한다. 매 강의 시간마다 파워포인트 강의록으로 평균 50장 이상 쌓이는데 하루치가 쌓이면 파워포인트 강의록 기준 300~400장 정도를 복습해야 한다. 공부를 3일만 안 하면 슬라이드 1,000장 분량을 복습해야 한다는 얘기가 된다.

하지만 진짜 스트레스는 이런 압도적인 공부량이 아니라, 매너리즘이다. 같은 수업 시간에 같은 자리에 앉아 같은 시간 동안 계속하여 수업을 듣고, 수업이 끝나면 복습을 하고, 그렇게 2~3주를 보내고 마지막에는 시험을 본다. 그리고 주말이 지나면 또 같은 패턴이 되풀이된다. 누구나 지쳐갈 것이다. 바닥난 인내심을 채우기 위해 소소한 일탈을 허락하기도 여의치 않았다. 본과 1학년 때 처음 이러한 살인적인 스케줄을 처음으로 겪고 나서 도대체 어떻게 대처해야 이런 반복되는 일상에 압도되지 않고 꾸준히 열심히 할 수 있을지 생각해 보았다.

그 결과 나름대로 찾아낸 방법은 '같은 것을 다르게, 낯설게 하기'다. 먼저 공부하는 위치를 먼저 바꿔보기로 했다. 예과 때까지만 해도 기숙사의 학습실이나 방에서 주로 하던 공부를 밖에 나가서 하기 시작했다. 어떤 날에는 건대입구역 인근에서, 어떤 날에는 강남에서 공부를 했고, 어떤 때는 독서실을 하루 끊거나 스터디카페에 가기도 했다.

공부 환경이 바뀌니 받아들이는 기분이 확 달라졌다. 방에서만 공부를 하다 보면 "왜 내가 이걸 이렇게 하고 있어야 하지?"라는 의문이 계속 들었는데 밖에 나가서 다른 사람들이 공부하는 것도 구경하고 새로운 환경에서 공부해보니 그런 의문들은 잘 떠오르지 않고 공부가 잘 되었다. 처음으로 시도한 '낯선 곳에서 공부하기' 전략은 성공적이었다.

공부를 하는 위치만이 아니라 공부를 하는 범위도 큰 난관 중에 하나였다. 시험범위를 한 번 다 공부한다고 해서 그 내용을 다 기억할 수 있는 게 아니기 때문에 복습이 필요하지만 그 많은 양을 다시 보려니 엄두도 나지 않고 조금만 익숙하면 대충 넘어가려는 경향이 보였다. 뭔가 대책이 필요했다. 그래서 생각한 방법은 같은 시험범위의 내용을 공부하더라도 다른 서적이나 인터넷을 활용하는 방법이었다.

같은 시험범위라도 다른 책에서 본 내용이 이전 책에서 본 내용과 중복되면 더욱 더 잘 기억되는 경향이 있었다. 같은 내용이라도 책의 저자마다 표현하는 방식이 다르기 때문에 비교해 보면 더 잘 와닿는 설명이 있고 색다른 암기 방법도 터득할 수가 있었다. 또한 매일 컴퓨터로 파워포인트 강의록만 들여다보고 있는 것보다 종이로 된 책에 밑줄을 그어가며 읽는 공부도 함께 하다 보니 매너리즘을 돌파하는 데 큰 도움이 되었다.

여기에 더해 요약본 또는 정리본을 활용하는 것도 크게 도움을 주었다. 같은 책을 계속해서 순서대로 보면 나무 전체보다는 나뭇가지만 보게 되는 경향이 있다. 이럴 때는 요약본이나 정리본을 보면 나무 전체를 넓은 시야로 볼 수 있기 때문에 공부의 틀을 세울 때 큰 도움이 되고 이 시도 또한 매너리즘을 벗어나는 데 좋다. 공부가 질릴 때 즈음 요약본을 통해 큰 나무를 세우고 다른 책으로 가지를 만들어가며 마지막으로 본 교재로 복습한다면 효과적일 것이다.

공부하는 환경이나 공부하는 책, 또는 인터넷 강의의 종류 등의 요소들이 공부에 끼치는 영향은 생각보다 매우 크다. 같은 내용도 다른 사람에게 들으면 다른 내용 같고, 같은 공부도 다른 장소에서 하는 것만으로도 크게 다른 느낌을 준다. 일상에서 반복되는 지치는 공부도 살짝 낯설게 해서 새롭게 느껴지게 만들 수 있다면 매일 다른 공부를 하는 기분일 것이다. 같이 공부하는 사람이나 혹은 공부를 하는 연필이나 펜 등 소소한 것만 바뀌어도 그날의 기분은 달라질 수 있다. 공부의 내용을 바꿀 수 없다면 공부를 둘러싸고 있는 크고 작은 다른 요소들을 바꾸는 방법으로 매너리즘을 탈출해 보자.

멘탈 관리에 도움이 되었던
동영상&앱

• QR코드를 찍으면 유튜브 보기로 갑니다.

잠 잘오는 음악 빗소리 백색
소음 5시간 연속듣기

ASMR Harry Potter 조용한 호
그와트 그레이트홀 입체음향

저는 공부할 때 되도록 음악은 듣지 않았는데요. 다만 집
중력을 높이기 위해서 백색소음은 종종 들었어요. 'ASMR
Harry Potter'는 백색소음의 일종인데, 실제로 호그와트 대
강당에서 공부하는 것 같은 느낌이 들 정도로 생생했습니다.

학생들이 걷는 소리나 장작이 타는 소리, 지팡이를 휘두르는
소리 등 영화를 본 사람이라면 누구나 공감할 소리입니다.

박소리 경희의대 17학번(본과 1)

경찰대학 홍보단 '수능 D-50'
수험생 응원 영상메시지

'경찰대학 홍보단 수험생 응원 메시지'는 실제 경찰대학교
학생들이 만든 영상이라 더욱 생생하게 와닿았어요. 경찰대
학도 입결이 굉장히 높은 학교라 선배들에게 더 자극을 받
는 것 같습니다. 그들이 입고 있는 제복이나 영상 배경의 캠
퍼스 등이 대학생활을 꿈꾸게 하는 좋은 영상이었습니다.

진세령 충남의대 17학번(본과 1)

공부할 때 듣는 백색소음,
공부집중 음악 : 빗소리 2개
합성 ASMR

시중에 나와 있는 여러 영상들을 직접 믹싱해서 만들었습니

다. 실제로 공부할 때나 집중력이 필요할 때, 밤을 샐 때, 항상 듣습니다. 여러 번 실패 끝에 만든, 제게 있어 가장 성공적인 공부용 ASMR입니다.

장지호 한양의대 16학번(본과 2)

휴대폰 잠금 앱을 사용해서 집중력을 올려보는 건 어떨까요? 〈Forest-stay focused〉는 시간관리 앱으로 사용자가 원하는 시간만큼 타이머를 설정하고 그 시간 동안 핸드폰을 보지 않고 공부에 집중하게 만들어 주는 앱입니다. 이런 앱을 잘 사용하는 것도 자기제어의 능력이라고 생각해요. 그리고 집중력 향상에 도움을 주는 〈뽀모도로 타이머(Pomodoro Timer)〉 앱도 추천합니다. 공부에 집중할 시간을 25분 단위로 쪼개서 시간을 관리하는 것인데요. 본인이 원하는 주기로도 시간을 지정할 수 있으며 사용법이 매우 간단합니다. 일간, 주간, 월간 그래프로 한눈에 볼 수 있어 스스로 얼마나 집중했는지 점검해볼 수 있어요.

최형준 충북의대 16학번(본과 2)

스트레스 잘 해소해야
공부 몰입도 높아져요

진세령
충남대 의대 17학번(본과 1)

자신만의 특별한 공부법이 있나요?

특별한 공부법이라기보다는 최대한 스트레스를 안 받으면서 공부를 하려 해요. 물론 미리미리 공부해서 여유롭게 시험을 보는 것도 좋지만, 저는 다른 학생들보다 조금 늦게 공부를 시작하는 편이에요. 좀 더 쉬는 시간을 많이 가진 후 시험에 임박했을 때 몰입하는 것이 효율면에서 좋은 것 같아요. 성적에 대한 집착도 버리고 내가 할 만큼만 하자는 생각을 갖고 편하게 공부합니다.

또 저는 공부 장소를 자주 바꾸는 편이에요. 카페, 동아리방, 도서관 등 하루에도 한두 번씩 공부 장소를 바꿔가며 기분

전환을 하면서 공부합니다. 특히 공부가 잘 되지 않을 때는 커피를 마시거나 과자를 먹어서 간단하게라도 기분 전환한 후 공부를 합니다.

의대 공부가 힘들지는 않나요?

정말 힘든 것 같아요. 올해 본과에 진학해서 처음으로 제대로 된 의학 공부를 하고 있는데, 양이 엄청나요. 아직 임상 내용은 배우지 않았고 기초의학만 배우고 있는데도 벌써 매주 시험 보는 일상이 버거울 정도네요. 이미 이 과정을 지난 선배님들이 너무 부럽고 대단해 보이고요. 아직 청춘을 즐기고 있는 예과 후배들이 부러워요. 하지만 이 또한 지나가리라!

스트레스는 어떻게 푸세요?

운동을 하거나 유튜브 영상을 만들면서 스트레스를 풀고 있습니다. 일단 축구를 정말 좋아해서 동아리 활동을 하거나, 친구들과 풋살장을 예약해서 같이 운동을 하여 뭉친 몸을 풀고 체력 관리도 해요. 스트레스 푸는 데는 운동이 최고인 것 같아요. 그리고 취미라고 할 수 있는 유튜브 활동을 하며 댓글 보고, 영상도 만들면서 스트레스를 풀고 있어요.

공부하기 힘들 때 드는 생각은?

부모님과 누나 생각을 많이 해요. 솔직히 고등학교 때는 최선을 다해서 공부하지 않았고 그 때문에 재수를 했는데요. 재수 학원에 큰 비용이 들어갔기 때문에 항상 부모님께 죄송한 마음이 있었어요. 고3 때 더 열심히 할걸 항상 자책하는 마음이 있었고요. 한 번 크게 부모님께 실망을 끼쳐드린 이후 두 번 다시는 그런 일 없도록 최선을 다하고 있어요. 의과대학에도 유급이라는 재수와 비슷한 제도가 있는데, 1년 더 늦어지는 상황이 일어나지 않도록 긴장의 끈을 놓지 않고 열심히 하고 있습니다.

구체적인 목적이 있는 공부를 하세요

정준식
인제대 의대 15학번(본과 2)

언제부터 의대를 꿈꿨나요?

사실 처음부터 의대를 목표로 공부를 한 것은 아니었어요. 그런데 그냥 자연스럽게 공부를 하는 과정에서 정말 감사하게도 의대를 꿈꿀 수 있는 성적이 되었고, 의사라는 직업에 호기심이 생겼어요. 구체적인 목표가 없었고, 무엇을 하고 싶어 하는지에 대해서 고민이 많던 저로서는 그런 단순한 호기심만으로도 아주 큰 영향력이 있었어요. 그때부터 의대 합격이 꿈이 되었고, 그 꿈은 점점 커졌습니다. 그리곤 단 한 번도 꿈을 못 이룰 거라는 생각은 하지 않았던 것 같아요.

의대에 와서 좋은 점, 힘든 점?

의학이라는 특별한 학문을 배울 수 있고, 의사라는 직업을 선택할 수 있는 점이 무엇보다 좋은 점이죠. 그 자체로 기쁨이고 열정적인 삶의 원동력이에요. 다른 사람의 아픔을 치유한다는 건 성스러운 일이고, 정말로 매력 있어요.

의대 생활을 하면서 항상 느끼는 건 감사한 마음인 것 같아요. 주변의 많은 사람들이 응원도 해주시고, 칭찬도 해주시고 좋은 말씀 한 마디씩 해주실 때마다 더욱 감사한 마음이 들어요. 요즘엔 부쩍 더 매일매일 감사하며 공부하고 있답니다.

힘든 점이라고 하면 우선 공부량이겠죠? 하지만 당연한 수순이고, 고된 산행일수록 정상에서의 달콤함은 배가 되죠. 그리고 '내가 너무 세상을 좁게만 보고 사는 것이 아닌가?' 라는 생각이 스트레스이자 좋은 자극제가 되는 것 같아요. 자칫하면 우물 안의 개구리가 될 수도 있겠다는 생각이 더 나아가게 만드는 힘이 되더라고요. 그래서인지 더욱 더 새롭고 다양한 활동을 하려고 노력하고 있어요. 여행이나, 운동 등 대부분 열정적으로 참여하려고 합니다.

의대를 꿈꾸는 수험생에게 전하고 싶은 말?

"목적이 있는 공부를 하세요"라는 말씀을 드리고 싶어요. 영어 단어를 왜 암기하는지, 과학 개념 정리를 왜 하는지, 수학 문제를 왜 푸는지… 단순하게 '오늘도 10시간 공부했어!'가 아니라 '오늘은 영어 단어를 암기했는데 원하는 성적이 나오려면 시험지에 모르는 단어가 있으면 안 되기 때문이야!'라는 구체적인 목적이 있어야 해요. 학습의 목적을 생각하고 공부하면 불필요한 시간 낭비도 줄이고, 수험생활 하루하루를 보람차게 보낼 수 있으니까요. 그리고 나 자신을 믿으세요. 주변 다른 사람들이 의심하더라도 나만큼은 나 자신을 믿어야 합니다. 절대 흔들리면 안 됩니다. 그러면 결국 만족스런 결과물을 얻게 될 거예요. 대한민국 수험생분들 모두 파이팅하세요.

조미

어느 누구보다 열심히 하는데 성적이 오르지 않을 때, 의대에 가고 싶지만 오르지 않는 성적 때문에 포기해야 할 것 같을 때, 극복할 수 있는 방법이 있을까요?

진세령
충남대 의대 17학번
(본과 1)

실력이 더 이상 오르지 않는 것 같고, 내 한계는 여기까지인가 하는 생각이 들 때가 있을 겁니다. '뉴런의 역치'라고 들어보셨나요? 몸 속 신경을 구성하는 기본 단위인 뉴런은 외부의 자극을 뇌로 전달하는 역할을 하는데, 이런 전달 작용은 일정한 크기, 즉 역치 이상의 자극이 와야 일어납니다. 역치보다 작은 자극이 들어오면 뉴런은 아무 일 없다는 듯이 잠잠합니다. 지금 여러분의 상황이 그렇다고 생각하세요. 고등학교 공부에 한계는 없습니다. 노력한 만큼 성적이 나오는 것이 특히 수능 성적입니다. 실력이 한동안 오르지 않다가도 어느 순간이 되면, 그러니까 노력의 역치를 넘어서면 탁 트이는 순간이 올 거예요. 저도 재수를 하고 힘겹게 의대에 진학했습니다. 꿈을 갖고 포기하지 않으면 꼭 성공할 수 있습니다.

송지현
오타고 의대 15학번
(본과 3)

어느 누구보다 열심히 하는데도 성적이 오르지 않는다면, 그래서 포기를 해야 할 거 같다면, 한줄기 빛도 없는 암담한 상황과 다를 바 없겠지요.
올해 동기 한 명이 너무 힘들다면서 휴학을 했어요. 때로는 계속 앞으로 가는 것보다는 오히려 포기해야 할 때 더 큰 용기가 필요한 거 같아요. 충분히 고생했다면 그만 놓아도 괜찮아요. 만약 포기를 한다면 그건 더 큰 용기라 박수를 쳐주고 싶어요.

하지만 정말 포기하고 싶은 것은 아니라면, 마음속으로 진짜 끝을 보고 싶다면, 지금 이대로 계속 최선을 다하면 된다고 생각해요. 몸이 너무 힘들어서 그럴 수도 있으니, 잠을 줄이지 않고 공부를 더 효율적으로 할 수 있는 방법을 고민해보는 것도 나쁘지 않겠네요. 공부란 생각보다 훨씬 더 외롭답니다. 저 역시도 돌아보면 나를 판단하는 숫자들에 짓눌려 꾸역꾸역 책상에 앉아 홀로 공부해야 하는 현실에 서러웠던 적이 많았어요. 공부에 지쳐서, 불안감에 쫓겨서 내려놓고 싶을 때에는 훗날 다시 찾아올 올 여유를 생각하면서 버티세요. 이제는 그럴 힘이 없는데 무작정 버티라는 말이 때론 가혹하지만, 그래도 조금만 더 힘내세요. 시간이 지나면 다 거름이 되고, 추억이 될 테니까요. 일 년 뒤, 혹은 몇 년 뒤에 그 때 그 생활 진짜 힘들었다고, 다시는 못하겠다고 소주 한 잔에 훌훌 털어버리면서 추억거리, 이야깃거리가 될 테니까요.

선인장은 손이 많이 안 가서 키우기 쉬운 식물로 널리 알려져 있지요. 하지만 꽃을 잘 피우지는 않아서 선인장 꽃을 보기는 참 힘들어요. 그냥 별다른 관리 없이 잘 살긴 하지만 꽃봉오리를 보고 싶다면 온도도 적절하게 맞추어야 하고, 일조량 또한 꽃이 필 수 있는 조건과 똑같이 만들어 주는 단일처리도 필요합니다. 손이 많이 가죠. 그래도 그 노력이 결실을 얻어 꽃이 피면 장미나 백합보다 화려하고 이쁘더라고요.

조미 님도 어쩌면 선인장과 같을 수도 있습니다. 그냥 적당히 키우면 선인장으로 그치지만 오랜 시간 동안 꾸준하게 노력하면 언젠가는 장미보다 더 예쁜 꽃을 멋지게 피울 수 있을 거예요. 그러니 그 시간을 기다리면서 계속 최선을 다해 보세요. 지금까지 잘 해 왔으니까, 앞으로도 잘 할 수 있을 거예요.

ri hi

공부할 때 집중력에 방해되는 요소를 꼽자면 무엇이 있을까요?

진세령
충남대 의대 17학번
(본과 1)

집중력에 방해되는 요소는 자기 자신이라고 생각합니다. 자기 자신을 잘 알아야 합니다. 나는 공부하다가 카톡을 자꾸 확인한다, 나는 주변이 시끄러우면 집중이 안 된다, 와 같이 집중에 방해 되는 요소를 직접 생각해 보셔야 합니다. 그 원인을 제거하고, 계속 염두에 두고 공부하는 것이 중요합니다.

저는 오른쪽 시야에 다른 것들이 보이는 걸 싫어해서 꼭 앞면과 오른쪽이 막혀 있는 구석자리에서 공부를 합니다. 또, 청각에 예민해서 공부를 위한 ASMR을 들으면서 공부합니다. 이렇게 자기를 잘 알아야 더 집중할 수 있습니다. 남들이 좋다는 집중 방법 말고 나에게 맞는 집중 방법을 스스로 찾아보세요.

박소리
경희대 의대 17학번
(본과 1)

음악과 스마트폰 정도로 생각할 수 있을 것 같아요.

일단 음악을 들으면 절대 공부에 온전히 집중할 수 없다고 봅니다. 특히 가사가 있는 음악은 공부할 때 뇌의 일부분이 가사를 이해하기 위해 노력하므로 음악은 되도록 공부할 때 듣지 않는 것을 추천합니다. 하지만 잠이 올 땐 저도 시끄러운 음악을 들었어요. 오로지 잠깨는 용도로만 사용하는 것을 추천 드립니다.

스마트폰은 굳이 말 안 해도 방해가 많이 된다는 걸 대부분 아실 겁니다. 그래서 저는 <Forest> 같은 집중 앱을 많이 사용했어요. 그 앱 화면에서 나가서 다른 걸 하게 되면 나무가 죽어요. 스마트폰으로 딴짓 하고 싶은 그 잠깐의 욕구만 막으면, 결국 집중력 향상에 큰 도움을 받을 수 있으니 유념했으면 좋겠습니다.

김성현

저는 재수를 하고 있습니다. 다시 1년을 더 입시 공부로 보내야 하는 막막함과, 과연 1년을 더 한다고 해서 정말 원하는 대학에 갈 수 있을까? 하는 의구심으로 마음이 복잡합니다. 재수생에게 동기 부여가 될 수 있는 말씀 부탁드려요.

정준식
인제대 의대 15학번
(본과 2)

저도 재수를 해본 입장에서 조금 더 가까운 거리에서 말씀 드릴 수 있겠습니다.

우선 재수생이면 기본적인 동기는 이미 가지고 있을 겁니다. 원하는 대학을 가고자 하는 마음 때문에 스스로 공부를 선택한 것, 그 자체로 동기 부여가 된다는 뜻입니다. 원하는 목표는 있지만 1년이 늦었으니 더 빨리 뛰어가야겠죠. 그렇다고 절대 다른 사람과 비교해서는 안 됩니다. 재수의 1년은 고스란히 나의 1년이지 다른 사람의 1년이 아닙니다.

그렇다고 이 동기 부여가 수능 날까지 자신을 단단하게 이끌 수는 없겠죠? 공부하는 도중에 보상이라는 것도 있어야 합니다. 저는 특히나 정신적인 보상을 말씀드리려고 합니다. 저는 단 한 번도 '원하는 대학에 못 가면 어떡하지?'라는 생각을 한 적이 없는 것 같아요. 매일 실천 가능한 양만큼 계획을 세우고, 계획을 다 실천하면 그날 밤 저는 원하는 의대에 합격을 합니다. 그렇게 저는 매일매일 의대에 합격한 거 같은 기분을 유지했어요. 하루도 빠짐없이 의대에 합격해서 그런지 합격 발표가 나고도 그닥 비현실적이지 않더라고요. 저는 매일 합격했고 항상 즐겁게 재수를 했으니까요.

가장 중요한 것은 본인에 대한 믿음입니다. <SKY캐슬>의 김주영 '쓰앵'님이 아닌, 나 자신을 전적으로 믿으셔야 합니다. 내가 나를 못 믿는데 누가 믿어주고 합격시켜 주겠어요? 다른 사람들이 주위에서 뭐라고 한들 중요한 게 아닙니다. 믿음을 가지고, 의심하지 말고, 진득하게 공부에 집중을 한다면 분명 좋은 결과가 있을 겁니다. 한 번 더 '믿음'이라는 단어를 믿고 가셨으면 좋겠습니다.

바람

공부할 때 체력이 부족하진 않으셨나요? 만약 부족했다면 보충하는 방법은? 수능 준비할 때 잠을 몇 시간 정도 잤는지도 궁금합니다.

최형준
충북대 의대 16학번
(본과 2)

첫 번째 질문의 답은, 저는 타고 나기를 잔병치레에 허약해서 고등학교 때부터 고생을 많이 했어요. 가장 좋은 방법은 운동해서 몸을 건강하게 유지하는 것이지만, 특히 수험생들은 현실적으로 운동에 충분한 시간을 쓰기가 어렵죠. 그래서 저는 먹고 자는 것에 최대한 노력했습니다. 물, 비타민제와 같은 것에는 비용을 쓸 수 있는 한도 안에서 최대한 쓰면서 저에게 맞는 약이나 건강식품을 찾았습니다. 물론 살은 조금 쪘지만 건강과 외모와 공부 모두를 잡을 순 없다고 생각했어요. 공부하는 게 힘들다고 하는 수험생 중에는 하루에 잠도 6시간 이상 안 자고 잘 먹지도 않는 경우가 많은데 운동할 의지와 시간이 없다면 뇌가 에너지로 사용하는 포도당만큼은 꼭 충분히 섭취해주시길 바랍니다.

전 평소에 잠자는 시간과 먹는 것은 아끼지 않았어요. 최소 6시간 이상은 잤습니다. 의대생이 된 이후도 마찬가지입니다. 저희 의대 교수님께서 항상 시험 전에 하시는 말이 있습니다.

"아무리 공부할 게 많아도 시험 전에 밤은 새지 말아라."

우리 뇌가 자는 동안 기억회로를 돌린다는 것은 여러 연구에서 밝혀졌습니다. 그런데 공부할 게 남았다고 4시간 이하로 자면서 준비하는 것은 체력적으로나 암기력에서나 옳지 않다고 생각합니다. 특히나 컨디션이 중요한 수능이라면 더 말할 것도 없습니다. 수험생 여러분들도 내신 시험 직전이 아닌 이상 잠은 6시간 이상 자는 것을 꼭 당부 드리고 싶어요. 건강 관리도 능력입니다.

박소리
경희대 의대 17학번
(본과 1)

체력 때문에 고생해본 적은 없는 것 같아요. 고등학교 때는 장기전이니까 충분히 잠을 자려고 노력했어요. 평균적으로 하루에 6시간 정도는 잤어요. 하루 중에 거의 10시간은 앉아 있으니까 체육시간에는 빠지지 않고 나가서 운동했어요. 배드민턴같이 가볍게 즐길 수 있는 운동 위주로 꾸준히 운동한 게 체력을 유지할 수 있는 비결이었던 것 같아요.

김리얄

스케줄 계획과 관리, 그리고 컨디션 관리는 어떻게 하셨나요?

장지호
한양대 의대 16학번
(본과 2)

계획의 중요성을 잘 알고 있다면 바로 스터디 플래너를 쓰는 것을 추천 드립니다. 하루의 마지막 순간에 오늘을 평가하고 반성하는 시간을 갖는 것을 추천 드립니다. 10점 만점에 7점, 이렇게 점수로만 자평해도 되고 간단하게 한 줄로, 오늘 내가 한 일에 대해서 평가하고 반성해도 좋겠어요. 평가하고, 반성하고, 개선하기!

박소리
경희대 의대 17학번
(본과 1)

저는 고등학교 2학년 때부터 매일매일 스케줄 표를 썼어요. 그날 해야 하는 공부 범위를 체크리스트로 작성하고 다 못한 것은 그 다음날로 화살표로 이동시켰어요. 일주일 중 하루는 꼭 밀린 과제를 하는 날로 잡고, 그 주의 할당량을 꼭 채우도록 노력했어요. 그리고 스케줄 관리는 직접적인 동기가 있어야 한다고 생각했기 때문에 고등학교 선생님 한 분께 부탁드려서 수능 전날까지 일주일에 한 번씩 검사를 맡았어요.

스위트민트

도서관 vs 학교 vs 독서실 중에서 어디서 공부하는 걸 선호하세요?

진세령
충남대 의대 17학번
(본과 1)

저 같은 경우에는 학교자습을 선호합니다. 공부는 혼자 하기 힘든 것 같아요. 학교에서 주변 친구들이 열심히 자습하는 모습에 자극 받았던 것 같아요. 모르는 내용이 있으면 선생님이나 친구들에게 물어볼 수도 있다는 장점도 있습니다.

하지만 학교마다 자습 환경이 다르므로, 자습환경이 좋지 않다고 생각되면 조용히 공부할 수 있는 독서실도 좋겠지요. 독서실은 자습에 특화된 장소로, 사람이 많은 곳에서 집중이 안 되는 분에게 추천합니다.

박소리
경희대 의대 17학번
(본과 1)

학교는 반 친구들과 함께 자습을 하니까 모르는 것도 쉽게 물어볼 수 있고, 친구들이 열심히 하는 것을 보며 자극받을 수도 있어서 가장 선호해요. 매일 똑같은 시간대에 자습을 하므로 루틴을 정하는 것이 효율적이고요. 저는 매일 수학 기출문제를 자습시간에 풀었어요. 어떤 과목, 몇 문제를 정해서 풀면 날마다 비교할 수 있어서 피드백하기 좋았어요. 다만 자습시간에 조용한 분위기가 조성되지 않는다면 집중하기 어려울 수도 있어요.

독서실은 주말이나 시간이 빌 때 자주 갔는데요. 집이나 학교보다 환경이 쾌적하고 집중을 잘할 수 있는 환경을 조성해 놓았기 때문에 주말같이 시간이 여유로운 때에 이용했어요. 다만 사람이 많아서 그런지 살짝 덥고 습한 곳이 많아서 가기 전에는 졸지 않도록 커피를 많이 마셨고요.

도서관은 대학교에 와서 많이 다녔어요. 독서실이 너무 답답하게 느껴지는 날에 주로 도서관에 갔어요. 마찬가지로 탁 트인 공간이기 때문에 답답하지 않고, 도서관 특유의 차분한 분위기가 좋았어요. 사람들이 많이 지나다니고, 생활소음이 많은 곳이기 때문에 귀마개를 종종 사용했습니다. 독서실이나 학교보다는 집중이 덜 되는 곳이기 때문에 수학 같이 기계적으로 풀 수 있는 과목을 주로 공부했어요.

뉴하트

수학을 가장 힘들어 했던 분이 계시다면 어떻게 약점을 극복했는지, 다른 과목과 공부하는 비중이 어느 정도로 차이가 났는지 정말 궁금합니다.

장지호
한양대 의대 16학번
(본과 2)

가장 힘들었던 과목 중에 하나가 수학이었던 것 같습니다.
한번은 수학을 가장 잘했다는 선배에게 수학 공부법을 여쭈었습니다. 그 선배의 답은 이랬습니다.
"나도 수학을 못해서… 그냥 시중에 있는 수학 문제집은 다 풀었어. 그래서 집에 가면 수학 문제집 표지만 모아둬, 내가 풀었던 건지, 안 풀었던 건지 보려고."
이 말을 들은 순간 많은 깨달음을 얻었습니다. 그 뒤로 저는 시중에 있는 대부분의 문제지를 외우고 시중의 모든 문제 유형의 문제 풀이 방법을 외우는 방식으로 수학 고민을 해결했던 기억이 납니다. 물론, 시험 때마다 새로운 유형이 한두 문제씩은 나온다는 점을 감안한다면 100점을 보장하는 방법은 아니지만 기존 유형의 모든 풀이 과정을 외운다면 96점 이상은 보장할 수 있다고 생각합니다.

최고의 공부법은
정공법이다!

공부 비법을 다룬 많은 책들이 마치 공부하는 방법에 있어 아무도 모르는 비밀이 있는 것처럼 광고하곤 한다. 그러나 이것만 알면 모든 것이 해결될 것처럼 말하는 시크릿 노하우 같은 건 사실 없다. "아니, 그러면 이 책 자체가 의미가 없는 것이 아니냐?"라고 생각할 수 있지만 내 생각은 조금 다르다. 이 책을 보는 분들은 사실 공부법을 이미 잘 알고 있다. 문제는 자신에게 제일 잘 맞는 공부법을 잘 모르는 데에 있다.

어떤 사람은 하루에 17시간씩 집중해서 공부할 체력과 여건을 가지고 있지만 어떤 사람은 몸이 약하거나 지병, 처해 있는 환경의 문제로 9시간 정도가 공부하는 게 한계일 수도 있다. 이 두 사람이 같은 방법으로 공부한다고 같은 점수가 나올까? 그렇지 않다. 사람들은 개개인마다 특성이 다르다. 공부할 때 인내심의 문제도 그렇고, 집중력 또한 개인 간에 편차가 심하다. 어떤 사람은 암기를 잘하고 어떤 사람은 이해를 잘한다. 이런 각양각색의 사람들을 모두 비약적으로 향상시켜주는 한 가지 공부법은 없다. 다만 '대부분의 사람들에게 통용되는 공부법'은 분명히 존재하고 이 책도 그런 길을 제시하고 있다.

어떤 공부를 하든 정공법이 사실은 가장 좋다. 많은 시간을 투자하면서 공부를 해야 하고 모르는 부분은 반복적으로 공부하고 그 내용을 다른 문제를 풀어보는 과정을 거쳐야 공부를 잘할 수 있다. 하지만 우리는 한정된 시간 안에 가장 많은 효율을 얻고 싶어 하기 때문에 어쩔 수 없이 이 책과 같이 효율적인 공부 방법을 고민하게 된다.

가장 좋은 공부법은 자신에게 가장 잘 맞는 방법으로 공부하는 것이다. 암기법도 개인마다 달라서 써서 외우는 방법이 효과적이라고 말하는 사람이 있는가 하면, 소리 내서 말을 해야 잘 외워지는 사람도 있다. 전반적인 공부법도 마찬가지다. 자신에게 가장 잘 맞는 공부법을 찾는 것이야 말로 진정한 시크릿 노하우다.

어릴 때부터 꾸준히 공부해온 사람이 공부를 더 잘할 확률이 높은 이유도 여기에 있다. 공부를 많이 해보았기 때문에 내가 어떻게 공부해야 효율적인지를 알기 때문이다. 이를 뒤집어서 이야기하면 한 번에 나에게 맞는 공부법을 찾는 사람은 성적이 비약적으로 오를 수도 있다. 반면 기존에 잘 공부하던 친구들도 시험의 특성이나 자신의 성향으로 볼 때 효율적이지 못한 공부법을 선택한다면 성적이 많이 떨어질 수도 있다. 따라서 공부를 할 때에는 가장 먼저, 나에게 어떠한 공부법이 제일 잘 맞는지 혹은 어떤 공부법이 이 시험에 비추어 볼 때 가장 적절할지를 시간을 내서 먼저 생각해야 보아야 한다.

나는 암기를 할 때 누군가를 통해서 들은 것을 특히 잘 기억한다. 그리고 베개와 이불, 침대가 없으면 잠을 못 자기 때문에 지루한 강의를 들으면서도 좀처럼 졸지 않는다. 이런 특징을 생각해서 공부할 때 암기 과목이라면 자습 위주로 외우기보다는 강의를 좀 더 중점적으로 들어서 효율을 올리는 방식으로 공부했다. 하지만, 수학을 공부할 때는 또 다르다. 수학도 암기할 부분이 많기는 하지만 자습을 통해 이해하는 쪽이 더 중요하다. 수학을 공부할 때는 자습의 비중을 늘리고 강의의 비율을 낮추었다. 이처럼 나의 특성을 잘 알고 과목의 특성을 잘 알아야만, 최적의 공부법을 만들어 낼 수가 있다. 즉, 지피지기면 백전백승이다.

이 책은 물론 여러 경로를 통해 제시되는 공부법들은 옷으로 말하면 기성복과도 같다. 기성복은 대다수 사람들의 체형을 고려해서 만들어지는데 사람마다 체형에 차이가 있기 때문에 딱 맞는 기성복을 고르기는 어렵다. 하지만 브랜드의 특성을 알면 어떤 브랜드가 대체로 내 몸에 잘 맞는지를 알고, 그래도 필요한 부분은 수선을 맡긴다든지 해서 내 몸에 딱 어울리는 옷을 만들 수 있다.

공부법도 그냥 누가 좋다고 해서, 누가 이렇게 해서 서울대 의대에 갔다고 해서, 나에게 맞지도 않는 공부법을 억지로 입으려고 들기보다는 여러 가지 방법 중에서 나에게 혹은 시험에 맞는 것은 무엇인지, 맞지 않는 부분이 있다면 어느 부분을 조절할 것인지 고민이 필요하다. 옷 한 벌을 사기 위해서는 여러 번 입었다 벗었다를 반복하면서 내 인생을 좌우할 공부법에는 그만큼의 시간도 투자하지 않는다면 말이 안 된다.

물론 이미 자기에게 잘 맞고 성과도 잘 나오는 공부법을 활용하고 있다면 이 책에서 소개하는 여러 가지 공부법에 솔깃해서 고치려고 노력하지 않아도 된다. 이 책은 '이렇게 하면 된다!'는 비법 전수가 목적이 아니다. 나의 상황과 성향을 잘 파악하여 어떠한 부분을 적극 수용하고 어떠한 부분을 배제할지를 잘 골라야 한다.

공부를 많이 해본 적이 없어서 아직 어떠한 공부가 내게 잘 맞는지 모른다면 몇 가지 공부 방법을 시도해 본 후 가장 잘 맞는 공부법이나 암기법이 어떤 것일지 결정하면 된다. 세상의 많은 일들이 그렇지만 공부도 개인의 능력이 다 다르고 성격도, 성향도 다르기 때문에 일괄적으로 하나의 틀에 끼워 맞추기가 정말로 어렵다.

운동도 같은 기술을 선보이더라도 개인의 신체 특성이나 습관에 따라 자세가 약간씩 달라지듯이 공부도 마찬가지다. 나는 공부에는 재능이 없어, 머리가 나빠, 하고 생각하는 분들도 있겠지만 대부분은 나에게 맞는 방법을 찾지 못하고 남이 좋다고 해서 나에게 맞지도 않는 공부 방법을 고수하는 게 원인이다. 여러 공부법을 시도해서 가질 것과 버릴 것을 찾는 과정을 통해 자신에게 가장 편한 방법과 길을 발견한다면 여러분 모두 공부의 신이 될 수 있을 것이다.

감사의 말

우선 〈의대생TV〉에서 이 책을 집필할 수 있도록 도와준 편집자님과 RHK 출판사에게 감사의 인사를 드린다.

《의대생 공부법》이 나올 수 있는 계기가 되었던, '전교 1등 출신 의대생 공부법' 영상을 촬영한 인하의대 김나현 님과 오랜 강사 경험과 《수핵스 : 수능 수학 핵심만 스피드하게》 책을 집필한 경력을 바탕으로 책의 완성도를 높여준 울산의대 이기준 님에게 감사의 말을 전한다.

인터뷰와 부록에 참여해준 〈의대생TV〉 출연자 경희의대 박소리, 충남의대 진세령, 한양의대 장지호, 충북의대 최형준, 인제의대 정준식, 뉴질랜드 오타고의대 송지현에게도 감사의 말을 전하고 싶다. 여러 출연자들이 함께했기에 이 책을 입체감 있게 완성할 수 있었다.

지금의 〈의대생TV〉가 있기까지 노력해준 상기 출연자 8인과 순천향의대 조해인 님, 촬영팀 충북의대 정태균 님, 편집팀 조디 님에게도 감사하다. 그리고 〈의대생TV〉를 위해 아낌없는 지원을 해주신

'캐시워크'의 나승균 대표님, '힐링페이퍼(강남언니)'의 홍승일 대표님, 박기범 부대표님, 이영민 CCO, '신촌 세브란스병원' 영상의학과 전공의 심용식 선생님, '의학과·의예과 대나무숲' 관리자님들, '닥플'의 김성현 대표님께 감사의 말씀을 드린다.

무엇보다 〈의대생TV〉를 봐주며 따뜻한 댓글을 달아주는 구독자님들에게 감사하다. 구독자님들의 질문과 관심이 있었기에 인터뷰와 부록을 다양하게 구성할 수 있었다.

마지막으로 의사국가고시로 학업에 허덕이는 나에게 힘이 되는 격려와 응원을 해준 여의도고 과학중점모임, 여의도 친구들, 나의 정신적 버팀목이 되어준 전국의 여러 의대생 동료들, 내 인생의 방향을 바꿔준 의형제 심대현과 조대형, 그리고 나의 가족 박종출, 김재심, 박아미, 박세연에게 고마운 마음을 전한다.

〈의대생TV〉대표 박동호

의대생 공부법

1판 1쇄 발행 2020년 1월 23일
1판 5쇄 발행 2023년 11월 10일

지은이 〈의대생TV〉 출연진 박동호, 김나현, 이기준
발행인 양원석 **편집장** 정효진
디자인 남미현, 김미선
영업마케팅 양정길, 윤송, 김지현

펴낸 곳 ㈜알에이치코리아
주소 서울시 금천구 가산디지털2로 53, 20층 (가산동, 한라시그마밸리)
편집문의 02-6443-8847 **도서문의** 02-6443-8800
홈페이지 http://rhk.co.kr **등록** 2004년 1월 15일 제2-3726호

ISBN 978-89-255-6857-7 (43370)